METAVERSO

AF751175

Metaverse: Guida per Principianti al Metaverso e agli NFT per il Nuovo Mondo Virtuale

Mark J. Davies

Published by Mark J. Davies, 2022.

While every precaution has been taken in the preparation of this book, the publisher assumes no responsibility for errors or omissions, or for damages resulting from the use of the information contained herein.

METAVERSE: GUIDA PER PRINCIPIANTI AL METAVERSO E AGLI NFT PER IL NUOVO MONDO VIRTUALE

First edition. August 31, 2022.

Copyright © 2022 Mark J. Davies.

ISBN: 979-8215569979

Written by Mark J. Davies.

Also by Mark J. Davies

Metaverse: Guida per Principianti al Metaverso e agli NFT per il Nuovo Mondo Virtuale

Sommario

INTRODUZIONE

L'idea di un Metaverso, un universo tridimensionale online condiviso nel quale gli utenti sono rappresentati da avatar, risale a diversi anni fa. Non sono quindi del tutto chiare le ragioni attuali dell'attenzione rivolta a un'iniziativa come Second Life da parte di singoli individui e, soprattutto, aziende e istituzioni pubbliche. Di contro sono tre le obiezioni che sostengono come tutto questo clamore possa concludersi come una sovrastimata importanza verso il reale impatto.

In primo luogo, si tratta di uno spazio interattivo tecnicamente complesso, difficile da usare per l'utente medio, instabile, che richiede grandi velocità di calcolo e grande larghezza di banda; in secondo luogo si tratta di un prodotto di proprietà di un'azienda privata, qualcosa quindi di completamente diverso da un'infrastruttura come Internet dove la Governance e lo sviluppo tecnologico sono realmente frutto di cooperazione e lavoro collaborativo a vantaggio della collettività; infine, l'idea di una seconda vita, parallela a quella reale, riprende un immaginario tecnologico in voga negli anni Novanta, ma non sappiamo se questo sarà utile o gratificante rispetto agli strumenti che oggi godiamo nella rete.

Queste e tante altre situazioni, saranno valutate e rappresentate nel corso di questo Ebook: così da scoprire come funziona il mondo del Metaverso.

CAPITOLO 1
Cos'è il Metaverso

La parola Metaverso è composta da *meta*, che significa oltre e dalla radice *verso*, che significa universo. Il termine fu coniato da Neal Stephenson nel 1992 nel suo romanzo *Snow Crash*. All'interno del libro, il Metaverso è descritto come una realtà virtuale condivisa sulla rete mondiale a fibre ottiche, popolata da avatar e agenti software che interagiscono tra loro in uno spazio tridimensionale immersivo che usa le metafore del mondo reale. Nel 1993 viene creato *The Metaverse*, un sistema di realtà virtuale basato su testo dove gli utenti, connessi contemporaneamente, possono scambiarsi messaggi e caricare file da condividere. Nel 1998 compare *There*, il primo vero mondo virtuale tridimensionale, dove gli utenti socializzano sotto forma di avatar e possono acquistare oggetti e servizi utilizzando una moneta virtuale. Nel 2003 la Linden Lab implementa SecondLife (SL), il primo mondo virtuale ad avere un enorme consenso tra gli utenti della rete di tutto il mondo. Nel 2007 viene introdotto anche OpenSimulator (OS), un Metaverso open source, il cui protocollo di comunicazione è derivato e compatibile con quello di Second Life. I mondi virtuali simulano la realtà, ma oggi sono soltanto delle esperienze per lo più visive e sonore: per diventare veri e propri Metaversi devono ancora raggiungere un livello di realismo tale da rendere indistinguibile l'ambiente simulato da quello reale. Negli ultimi anni la realtà virtuale viene usata con obiettivi educativi e formativi e sulle principali piattaforme sono comparse delle aree speciali dedicate all'apprendimento.

I mondi virtuali possono essere utilizzati per veicolare processi cognitivi complessi e modificare le modalità con cui avvengono i processi conoscitivi umani. Offrono nuove opportunità per l'acquisizione di una conoscenza legata all'azione e all'interazione con il contesto. Il Virtual Learning è visto come uno strumento di apprendimento complementare all'e-learning e all'apprendimento tradizionale. L'e-learning è un tipo di apprendimento supportato dalle moderne tecnologie informatiche e di comunicazione, cui però mancano la collaborazione e il coinvolgimento fisico dell'utente, tipici ed essenziali per l'apprendimento tradizionale. Il Virtual Learning può colmare le mancanze dell'e-learning grazie alle simulazioni 3D: queste simulazioni sono utili anche all'apprendimento tradizionale, perché aumentano il coinvolgimento dell'utente, e possono essere utilizzate come allenamento per gli studenti prima di fare esperimenti in un vero laboratorio.

Adottare un approccio letterale al Metaverso significa combinare tre elementi.

1. Il Metaverso è una tecnologia che consente di portare i contenuti digitali sul mondo reale: è simile alla Realtà Aumentata (AR). Un semplice esempio è il popolare gioco Pokemon Go anche se, nella futura iterazione di Metaverso, questa tecnologia sarebbe da migliorare. Digitale quindi è il contenuto combinato con il mondo reale.
2. Il Metaverso applica un dispositivo hardware che consente al mondo reale di essere interattivo. I contenuti digitali vengono applicati in modo che gli utenti possano controllare i contenuti visualizzati virtualmente e interagire con esso all'interno di uno spazio reale.
3. Per Metaverso possiamo intendere tutte le informazioni su qualsiasi cosa nel fisico mondo, ad esempio, un'area, un negozio o un prodotto e conoscenza dell'utente, come la pianificazione dell'utente, posizione, abitudini e interessi.

Questo processo sarà ottenuto grazie ad Internet e al Machine Learning, sulla base delle azioni quotidiane di un utente. Quando parliamo di tempo reale, vogliamo intendere che tutte le informazioni sono ottenute istantaneamente e virtualmente attraverso il dispositivo nello spazio fisico per ottimizzare un utente esperienza, mentre in background vengono dati i dati raccolto e applicato.

Un approccio meno letterale, ma non meno rilevante, per la comprensione del Metaverso è l'applicazione delle caratteristiche del mondo reale a un ambiente puramente online. Allo stesso modo in cui i contenuti digitali possono essere applicati al mondo reale, un ambiente Metaverso può applicare al mondo reale caratteristiche di un ambiente virtuale. Ad esempio, i giocatori che posso interagire in un ambiente di gioco virtuale potrebbe camminare in giro per una città virtuale come Londra o New York, vedendo il digitale rappresentazioni di strade ed edifici reali. Puoi visitare un negozio virtuale di Apple per acquistare le rappresentazioni digitali dei Prodotti Apple che possono essere consegnati, nella vita reale, al tuo indirizzo di casa. Per molti aspetti questo sarebbe solo un'estensione di ciò che oggi conosciamo come il tradizionale commercio elettronico: gli e-commerce. Tuttavia, come tecnologia visiva e design, la capacità migliora, guidata da un gioco estremamente potente motori come Unreal o Unity: i marchi possono creare ambienti nel Metaverso e non solo replicano un'esperienza di vita reale, ma possono migliorarla.

L'idea di replicare gli ambienti della vita reale nel virtuale il mondo non è affatto nuova: dopotutto, Second Life esiste ancora. Tuttavia, gli ambienti di gioco moderni hanno spostato con il Metaverso ben oltre quei precari mondi a blocchi 3D limitati da avatar, creando habitat online davvero creativi. La differenza oggi tra il Metaverso di allora e il Metaverso futuro è la capacità di creare. Giochi come Minecraft, Roblox e Reed Smith e Fortnite hanno cambiato il modo di pensare. I genitori si chiedono perché i loro figli trascorrano così tanto tempo in questi mondi del Metaverso, e la risposta non è che i giochi sono così coinvolgenti e i prodotti ben programmati, inoltre gli utenti possono interagire, creare e divertirsi. Oggi tutte le piccole industrie si sono evolute e stanno insistendo nel creare questi mondi virtuali: pensiamo alle rock star della vita reale che hanno prestato i loro volti e le loro fisionomie per apparire nel popolare Minecraft o in Fortnite.

Come funziona il Metaverso?

È necessario usare un dispositivo per fare in modo che qualsiasi utente possa entrare nel Metaverso: il dispositivo potrebbe essere un visore, un dispositivo con una telecamera o qualsiasi altra invenzione che dobbiamo ancora aspettare venga progettata. Questi dispositivi però non sono sempre necessari per entrare nel Metaverso, ma sicuramente renderanno l'esperienza migliore. Indossare un dispositivo farà in modo che l'utente potrà interagire con tutti gli elementi del Metaverso, visualizzando la realtà virtuale, gli oggetti, gli ambienti e gli altri utenti. Pensiamo a come potrebbe essere un futuro non tanto lontano: la mattina ti svegli, indossi il tuo visore ed entri nel Metaverso. Sembra fantascienza, ma non è così lontano dalle piattaforme di videoconferenze che, da un paio d'anni causa pandemia, usiamo quasi tutti i giorni per il lavoro da remoto. Quindi mentre cammini per la strada virtuale potrai trovare negozi, bar, ristoranti, stazione degli autobus, taxi e ferrovie. Potrai scegliere il percorso da fare, potrai interagire con gli altri utenti o con gli oggetti che troverai: tutto sarà visualizzato in tempo reale, davanti a te, nel mondo fisico. Immagina di essere Tony Stark d'Iron man: tu parli con il tuo assistente personale d'Intelligenza artificiale (AI), che troverà e ti mostrerà le informazioni di cui hai bisogno virtualmente, ma in mondo reale. È quindi possibile visualizzare, fare clic o agire su quegli oggetti.

Mentre una realtà così avanzata può essere sconcertante, gli elementi fondamentali di esso sono già ampiamente adottati attraverso la tecnologia mobile. Il tuo dispositivo ti conosce, sa dove sei e quando. Mentre le interfacce possono cambiare nel tempo, la capacità sottostante necessaria per combinare il mondo fisico e virtuale esisteva da più di un decennio. Nel mondo puramente online, il Metaverso funziona per offrire una fuga dalla realtà. Gli utenti possono intraprendere avventure all'interno di Fortnite e possono, se lo desiderano condurre una vita alternativa. Il cambiamento significativo negli ultimi anni è stata l'introduzione di elementi della vita reale in questo paradigma di fuga. Vuoi guardare un film dentro Roblox? Vuoi comprare delle scarpe da ginnastica mentre giochi a GTA? Vuoi vedere l'ultima esibizione dal vivo del tuo cantante preferito su TikTok? È questa migrazione del commercio e dell'interazione online e in ambienti virtuali, e la crescente confluenza tra virtuale e reale, che guida il Metaverso.

Le applicazioni commerciali del Metaverso

Il Metaverso cambierà il nostro modo di agire, socializzare, lavorare e vivere le nostre vite: ci sono opportunità per i partecipanti in ogni settore, dalle industrie orientate ai consumatori, come la vendita al dettaglio e gli eventi, fino ad arrivare a quelle che si occupano di produzione, costruzione e non tanto altro. L'acquisto degli articoli potrà essere istantaneo: quando vedi un prodotto in un negozio o nel Metaverso, non dovrai far altro che aprire un'app o persino toccare il tuo smartphone. I prodotti possono essere acquistati e i prezzi possono essere confrontati attraverso un account e in un unico luogo. Questo significa che le merci saranno più accessibili e le aziende potranno vendere i propri prodotti in tutto il mondo, indipendentemente dalla posizione geografica dei negozi.

La portata, l'immediatezza e l'interattività per le aziende saranno significativamente aumentate, con maggiore occasione di collaborazione. I consumatori potranno interagire direttamente con i marchi. Il coinvolgimento degli utenti sarà più alto e probabilmente avrà un impatto positivo se usato correttamente.

Per quanto riguarda l'aspetto ludico dei giochi, i giocatori possono aspettarsi esperienze più interattive e mondi di gioco collegati. Un oggetto o una Skin acquistati in uno gioco, potranno essere utilizzati in un altro gioco o potranno essere scambiati. Anche l'esperienza sociale cambierà come cambierà il cinema virtuale e le visualizzazioni private con gli amici. Come il modo in cui ci incontriamo, lavorare e socializzare cambierà, ci saranno nuovi modi per monetizzare per molti settori diversi, in particolare, media, social media, tecnologia e vendita al dettaglio. La proprietà intellettuale diventerà una considerazione importante in quanto ci saranno diversi mezzi di lavoro creativo. In definitiva, i consumatori guadagneranno di più dal Metaverso a livello d'informazioni, prodotti, intrattenimento e social e le esperienze saranno migliori e più accessibili.

Le aziende di tecnologia hardware e software, come anche le società di sviluppo, domineranno la tecnologia sul mercato. La richiesta di fornire hardware e software per il Metaverso aumenterà drasticamente. Le imprese avranno l'opportunità di creare il proprio posto nel Metaverso. Brand e celebrità avranno di più esposizione per un pubblico sempre più ampio. La capacità di offrire promozioni commerciali saranno più ricche e mirate e le esperienze per i consumatori aumenteranno.

E infine ci sarà anche la necessità di consulenza legale a causa dell'incertezza della legge e dei regolamenti intorno al Metaverso. Ogni giorno cresce la richiesta per la consulenza nelle aree che competono la protezione dei dati, la privacy e la pubblicità, per garantire la proprietà intellettuale dell'impresa e per proteggere i dati sensibili nel mondo reale e virtuale, con tutti i rischi che conosciamo ormai molto bene. La necessità di garantire che le leggi del mondo reale siano effettivamente tradotte nel mondo virtuale, sarà l'obiettivo principale di avvocati e legislatori, che dovranno valutare l'applicazione giusta e bonaria delle leggi per gli anni futuri.

Chi sta costruendo il Metaverso?

Il più grande esempio di utilizzo del Metaverso oggi ci viene dato dall'industria dei giochi: Fortnite e Roblox ci danno un'idea del potenziale del Metaverso per cambiare il modo in cui gli utenti possono interagire con il loro mondo digitale e fisico. Non è quindi una sorpresa che molti dei grandi nomi dell'industria dei giochi sia oggi interessata a svilupparsi in questo settore, piccola o grande che sia la realtà.

Prendiamo come esempio Roblox. La società di gioco, resa pubblica nel marzo 2021, non ha mai nascosto la sua voglia di emergere e farsi principale protagonista nel mondo del Metaverso. L'obiettivo per Roblox, come per l'informatica, le connessioni Internet ad alta larghezza di banda e delle tecnologie d'interfaccia, è creare una piattaforma di co-esperienza umana che consente agli utenti di connettersi, imparare, giocare e lavorare insieme, senza contare la sfida di voler costruire un'economia basata sulla propria moneta, la Robux.

L'esperienza dell'utente in questo contesto è solo una componente: l'obiettivo del Metaverso è quello di raggiungere il suo vero potenziale, persistere, fornire esperienze live e sincrone e creare realtà. Sebbene sia un punto di discussione, questo significa che è improbabile che una singola entità costruisca o gestisca da sola il Metaverso: dovranno essere invece molti individui, commerciali imprese, governi a contribuire alla sua esistenza, proprio come il mondo reale.

Il Metaverso, richiede e crea opportunità per nuove tecnologie, prodotti, fornitori di servizi, creatori di contenuti, standard e protocolli, norme e regolamenti, e a sua volta richiede una comunità da costruire. Naturalmente, però, molti dei colossi dell'industria tecnologica di oggi, come Microsoft, Facebook, Amazon e Apple avranno probabilmente un grande ruolo da svolgere.

Non c'è consenso generale su come sarà il Metaverso: sicuramente funzionerà in futuro, ma oggi non possiamo prevedere né chi lo costruirà né chi lo possederà. Ma su un aspetto possiamo concordare: il Metaverso esisterà e non è più solo una concezione di fantascienza: il Metaverso si svilupperà iterativamente nel tempo man mano che le capacità evolveranno e le sinergie saranno stabilite.

Divertimento e media nel Metaverso

Mondi virtuali, ognuno con la propria cultura, dove i consumatori possono diventare una persona diversa con comportamenti e modelli di acquisto che non si allineano con le loro abitudini del mondo reale, offrono una sfida e un'opportunità per i marchi che cercano d'impegnarsi nello spazio. Il Metaverso fornirà un'ulteriore pietra di paragone per sviluppare le relazioni con i consumatori attraverso la pubblicità all'interno del Metaverso, si pensi ai cartelloni pubblicitari virtuali, o alle opportunità di sponsorizzazione per concerti virtuali come Fortnite Party Royale, alle integrazioni all'interno e alla creazione di giochi. Se fatte bene, queste opportunità di marketing direct-to-avatar (D2A) possono portare al digitale i futuri acquisti nel mondo reale e la fedeltà al marchio, con connessa fidelizzazione del cliente (virtuale e reale).

Pubblicità

Mentre il marketing del Metaverso non è nuovo, ad esempio l'azienda Wendy's ha fatto un integrazione Fortnite nel 2018, l'ultima parola d'ordine da colpire l'industria è NFT: token non fungibili. Come possono i marchi non farsi trovare impreparati da questa novità? Potranno incorporare NFT nella loro strategia di marketing? Un modo vincente per un marchio per aumentare visualizzazioni e vendite, consiste nel creare o vendere risorse uniche a tema di marca.

Taco Bell ha creato cinque diverse animazioni a tema taco NFT e ha rilasciato cinque edizioni di ciascuno all'inizio di marzo 2021. Le NFT sono andate esaurite in pochi minuti.

L'NBA ha collaborato con Dapper Labs per sviluppare una piattaforma per vendere Cimeli NFT. Un Highlights di LeBron James è stato venduto di recente per 200.000 dollari. Parlando della NBA, la lega ha i suoi propria rete NFT chiamata Top Shot. Top Shot ha di più di 800.000 account e più di 500 milioni di dollari in vendite fino al primo trimestre del 2021. Cosa sono tutti questi Top Shot? Conti che spendono i loro soldi? Top Shot consente agli utenti acquistare e vendere carte collezionabili digitali chiamate "Momenti", che contenere un video clip di un gioco specifico, statistiche sul gioco e giocatore e una cronologia dei prezzi di vendita. I punti cruciali di una campagna pubblicitaria ben fatta sono i seguenti:

1. Dare in beneficenza: i marchi stanno già utilizzando l'NFT mercato per promuovere buone cause. I profitti per il Taco I Bell NFT sopra saranno donati; il ricavato della carta igienica P&G NFT è andato in beneficenza Direct Relief.
2. Collaborazioni con le grandi marche: collaborazioni con brand in edizione limitata non sono una novità per il mondo del marketing, ma gli NFT aprono un mondo di possibilità completamente nuovo. L'artista conosciuto come FEWOCIOUS ha collaborato con il marchio di sneakers RTFKT Studios per creare edizioni virtuali di FEWOCIOUS x Scarpe RTFKT, vendute per 3,1 milioni di dollari in

totale. Ogni l'acquisto è arrivato anche con un paio di scarpe fisiche.

3. Promozioni: le possibilità per NFT e promozionali i giochi sono infiniti. Ad esempio, un marchio potrebbe incorporare un NFT in ogni prodotto che vende, alcuni dei quali sono una sorpresa e delizia NFT, come l'ingresso in un virtuale concerto o sfilata di moda. Anche i marchi stanno pensando di assegnare NFT come premi in lotterie o altri premi promozioni. Le squadre sportive professionistiche stanno guardando sviluppare NFT per i loro abbonati.
4. Esperienze virtuali: l'opportunità di utilizzare NFT per anche le esperienze virtuali sono infinite. Il musicista Post Malone ha collaborato con una piattaforma di social money per vendere NFT al popolare gioco americano "birra pong" con lui nel mondo delle celebrità di Post Malone Lega di Pong. Microsoft ha lanciato un gioco che celebra le donne nella scienza, che premia i giocatori con NFT che riescono a sbloccare i giochi segreti in Minecraft. Gli artisti stanno rilasciando Clip NFT di musica ed eventi.

Tutte queste opportunità del mondo digitale sono accompagnate da ostacoli legali del mondo reale, che vanno dai diritti di pubblicità come vedere la sezione relativa alle licenze dei contenuti, alla proprietà intellettuale e ad altri obblighi sindacale.

CAPITOLO 2

Cos'è l'intelligenza artificiale: AI

L'intelligenza artificiale, chiamata anche AI, è quella disciplina dell'informatica che studia come creare macchine che siano in grado d'imitare tutte le capacità dell'intelligenza umana, grazie ad algoritmi precisi che mostrano tutte le attività dell'uomo. Può essere anche definita come la disciplina che studia le teorie e le tecniche che servono a sviluppare questi algoritmi che serviranno poi alle macchine, o ai calcolatori, per essere applicati alla vita di tutti i giorni. Quindi, partendo dal funzionamento del cervello umano che dovrà essere emulato dall'Intelligenza Artificiale, questa dovrà essere in grado di replicare le azioni e le funzioni tipiche dell'essere umano, come ad esempio:

- Il pensare, quindi risolvere un problema grazie alle funzioni cognitive;
- L'agire, quindi fare in maniera umana;
- Il pensiero razionale, quindi usare la logica;
- L'azione razionale, quindi avviare un processo che porti al migliore risultato.

Questa definizione ci permette di classificare l'Intelligenza Artificiale in due grandi settori di sviluppo e ricerca per la comunità scientifica:

1. L'Intelligenza Artificiale Debole, Weak AI: questa trova i sistemi tecnologici che sono in grado di simulare alcune delle principali funzioni cognitive dell'essere umano, senza però riuscire a raggiungere le capacità reali. In questo ambito rientrano i programmi matematici di problem solving, usate per permettere alle macchine di risolvere problemi o prendere decisioni;
2. L'Intelligenza Artificiale Forte, Strong AI: rientrano in questo aspetto i cosiddetti "sistemi sapienti", ossia quei sistemi che sviluppano un'intelligenza senza però emulare i processi di pensiero o le capacità cognitive dell'essere umano ma riuscendo a svilupparle in modo autonomo.

Intelligenza Artificiale e Metaverso

Qualunque sia il Metaverso è certo che sarà caratterizzato da una sovrapposizione di quantità insondabili d'informazioni o dati. Una caratteristica di queste informazioni è che saranno create e distribuite dall'interno del Metaverso stesso, cioè dall'interno di un ambiente creato e immaginato da una persona e controllata da una determinata entità (per esempio, lo sviluppatore di un gioco e altre attività che vogliono essere presenti nel Metaverso). Ma il Metaverso, a differenza del mondo reale, è interamente manufatto. Non ci sarà nessun albero digitale o cloud nel Metaverso che non "appartiene" al suo creatore. Dal look dei nostri avatar, ai vestiti che indossiamo e alle auto guidiamo nel Metaverso, possiamo aspettarci che quasi tutto sarà proprietà intellettuale di qualcuno.

L'intelligenza artificiale utilizza le tecnologie di apprendimento automatico per rivedere, digerire e analizzare grandi quantità di dati per creare regole di applicazione chiamata algoritmi. Una volta "educata", macchina il software di apprendimento può migliorarsi continuamente attraverso l'analisi di nuove fonti di dati e attraverso il osservazione dei propri dati in uscita. Più recentemente, l'Intelligenza Artificiale si è ampliata per includere sistemi informatici che mirano a replicare la funzione del cervello umano nell'analizzare ed elaborare d'informazioni.

Uno quindi dei problemi più importanti, riguarda i diritti d'autore: la massiccia acquisizione di dati da parte delle macchine dell'Intelligenza Artificiale e delle opere che creano, ha generato notevoli discussione. L'intelligenza artificiale può digerire enormi database che includono opere protette da copyright e utilizzare l'apprendimento automatico per "creare" opere creative senza violare il diritto d'autore? Inoltre, l'output generato da AI è protetto da diritto d'autore?

Mentre i motori di ricerca d'intelligenza artificiale strisciano attraverso il web in tutto il mondo per cercare, digerire e aggregare continuamente contenuti, inevitabilmente digeriscono opere protette da copyright come la musica video, canzoni, romanzi e notizie. Da questo la digestione viene spesso eseguita senza il consenso del detentore del copyright, la sua legalità dipende dal fatto che lo sia un'eccezione consentita a, o al di fuori del quadro di, legge sul copyright.

È probabile che questo scenario di proprietà intellettuale influenzerà il modo in cui possiamo accedere e riutilizzare i dati creati all'interno del Metaverso. L'intelligenza artificiale e l'apprendimento automatico sono ottimi esempi di tecnologia. Non tutte le informazioni sono "protette" o "di proprietà": nel Metaverso, è probabile che ogni canto degli uccelli sia il prodotto di una macchina, codificato da un essere umano, e può diventano così tutelabili (ad esempio, il codice utilizzato scrivere la canzone può essere protetta, o la canzone stessa se scritto da un essere umano).

In futuro, rendere il Metaverso un posto sicuro per tutti è probabile che richieda che ogni tridimensionale. Generato dall'IA l'ambiente di gioco è privo di pregiudizi, bullismo e troppe volte un'altra espressione di violenza artificiale sperimentato nel nostro ambiente reale.

L'approccio dell'Europa all'IA e al Metaverso

A oggi, non esiste nessun quadro giuridico dell'UE specifico per regolamentare l'IA e il Metaverso. Lo sviluppo, la distribuzione, e l'uso dell'IA sono soggetti a una serie di leggi orizzontali e principi, come la protezione dei dati e la privacy, tutela del consumatore, sicurezza del prodotto e responsabilità. Di recente, tuttavia, il 21 aprile 2021, la Commissione Europea ha pubblicato la tanto attesa proposta per un regolamento sull'IA, con l'obiettivo di trasformare l'Europa nel mondo per un'IA affidabile (Proposta di regolamento che stabilisce norme armonizzate sull'IA (Artificial Intelligence Act). La proposta è il risultato di diversi anni di preparazione di lavoro della Commissione, compresa la pubblicazione di un *Libro bianco sull'intelligenza artificiale*. La visione della Commissione è quella di proteggere e rafforzare i fondamentali diritti delle persone e delle imprese e allo stesso tempo incoraggiare l'innovazione dell'IA in tutta l'UE. Il nuovo regolamento proposto, si applicherebbe ai fornitori che immettono sul mercato o mettono in servizio Sistemi d'intelligenza artificiale, indipendentemente dal fatto che tali fornitori siano stabiliti nell'Unione Europea o in un paese terzo, agli utenti di sistemi d'IA nell'UE e ai fornitori e utenti di sistemi d'IA che si trovano in un paese terzo in cui l'output prodotto dal sistema è utilizzato nell'UE.

La Commissione adotta un approccio basato sul rischio ma nel complesso cauto approccio all'IA e riconosce il potenziale dell'IA e i tanti vantaggi che presenta, ma allo stesso tempo è estremamente consapevole delle minacce di queste nuove tecnologie pongono ai valori e ai diritti fondamentali europei e i principi. Seguono un approccio basato sul rischio che è essenzialmente diviso in quattro parti, così deliberano:

1. Rischio inaccettabile: sistemi d'intelligenza artificiale considerati come una chiara minaccia alla sicurezza, ai mezzi di sussistenza e ai diritti di persone sono generalmente vietate. Un inaccettabile rischio esiste soprattutto quando i sistemi o le applicazioni manipolano il comportamento umano per influenzare il libero arbitrio dell'utente e che potrebbe portare a danni psicologici o fisici.
2. Alto rischio: i sistemi d'IA identificati come ad alto rischio sono

consentiti, ma soggetto a requisiti speciali e valutazione di conformità. Tali sistemi includono AI tecnologie utilizzate in vari settori che necessitano di maggiore protezione, come l'istruzione, le infrastrutture critiche, gestione del lavoro, componenti di sicurezza di prodotti, forze dell'ordine in caso d'interferenza con i diritti fondamentali delle persone, o l'asilo e gestione del controllo di frontiera. Solo per citare alcuni obblighi speciali: I sistemi devono passare attraverso un'adeguata valutazione e mitigazione del rischio prima di essere immessi sul mercato. Inoltre, devono fornire un'elevata qualità dei set di dati, un'analisi dettagliata una documentazione su tutte le informazioni necessarie sul sistema e la sua destinazione in modo che le autorità può valutare la conformità. I sistemi devono soddisfare i requisiti di trasparenza e informazione per l'utente e deve essere supervisionato dall'uomo per ridurre al minimo i rischi. In particolare, tutti i sistemi d'identificazione biometrica a distanza sono collocati in questa categoria e sono soggetti a questi severi requisiti. Il loro uso dal vivo in spazi pubblicamente accessibili per scopi di applicazione della legge è generalmente vietato. Sono consentite pochissime eccezioni rigorose, che devono essere autorizzate da un organo giudiziario (ad esempio, quando assolutamente necessario per la ricerca di un bambino scomparso).

3. Rischio limitato: i sistemi d'IA con rischi limitati sono generalmente consentito, ma deve anche soddisfare specifiche obblighi di trasparenza. Sistemi d'intelligenza artificiale come i chat bot devono rendere gli utenti consapevoli del fatto che loro interagiscono con una macchina in modo che possano fare una decisione informata di continuare o interrompere.
4. Rischio minimo: la stragrande maggioranza dei sistemi d'intelligenza artificiale, come giochi o filtranti spam, rientra in questa categoria e sono legalmente consentiti in quanto vi è un rischio minimo o nullo rischio per i diritti o la sicurezza degli utenti.

La proposta della Commissione europea è un tentare di regolamentare una tecnologia emergente prima di essa diventi "reale". Come l'Unione Europea è stata il cane da guardia più aggressivo al mondo della tecnologia settore, può servire come modello per misure simili in tutto il mondo. Le regole hanno implicazioni di vasta portata per i maggiori aziende tecnologiche che hanno investito risorse in sviluppo dell'IA, ma anche per decine di altre aziende che utilizzano il software per sviluppare medicina o giudicare merito creditizio. I governi hanno utilizzato versioni di la tecnologia nella giustizia penale e l'allocazione di servizi pubblici come il sostegno al reddito. L'ampia definizione dei sistemi d'IA garantisce che il regolamento avrebbe un impatto significativo in tutti i settori industriali, in particolare in quei settori che vogliono avere successo con il Metaverso.

La proposta ora passa al Parlamento europeo e gli Stati membri nella procedura legislativa ordinaria. Data la natura controversa dell'IA e il gran numero delle parti interessate e degli interessi coinvolti, sembra probabile che questo non sarà un processo semplice. Ci sarà probabilmente molti emendamenti e, si spera, anche qualche ulteriore chiarimenti. Una volta adottata e approvata la legge, regolamento sarebbe direttamente applicabile in tutti gli Stati membri Stati dell'UE.

Glossario dei termini ricorrenti nel mondo dell'Intelligenza Artificiale

Vista la novità di questo mondo, è giusto ricordare quali sono i termini più ricorrenti di questa nuova materia. Alcuni potranno sembrare complessi ma, se questa realtà sta prendendo piede e si prospetta in maniera davvero celere, non possiamo di certo farci trovare impreparati.

Accessibilità digitale: la capacità di un sito, un'applicazione mobile o un documento di essere facilmente raggiungibile, utilizzabile e comprensibile dalle persone, incluse quelle che hanno disabilità visive, uditive, motorie o cognitive.

Acquisizione ottica: quella fase del processo di digitalizzazione di artefatti analogici dalla quale sono prodotti i contenuti visuali degli artefatti digitali o computazionali.

Ambiente immersivo: uno spazio circoscritto, digitale e materiale, naturale e artificiale, progettato per far vivere all'utente un'esperienza d'immersione.

Anastilosi virtuale: comporta la ricostruzione, secondo uno schema logico e tipologico, di parti esistenti ma disassemblate in un modello virtuale riferibile a un oggetto, monumento o sito storico-culturale.

Assistenti vocali: sono dei sistemi basati sulle tecnologie di riconoscimento vocale e sono in grado di riconoscere le parole pronunciate.

Avatar: è una rappresentazione grafica, bidimensionale o tridimensionale, composta con elementi disponibili, già modellati, o anche completamente modellata dall'utente, per rappresentare sé stesso.

Calendario Editoriale: quello strumento usato per pianificare la distribuzione dei contenuti.

Cloud: Il cloud, la nuvola, è una architettura informatica chiamata "cloud computing", che ospita servizi sotto forma di piattaforme, software e applicativi, come ad esempio salvare i dati in server remoti, azione che viene definita "cloud storage", e funziona attraverso specifiche infrastrutture, accessibili online tramite la rete internet.

Contenuto digitale: indica qualsiasi tipo di oggetto, immagine, testo, riproduzione, in formato digitale.

Dato grezzo/ Raw data: quei dati non analizzati o processati in nessun modo.

Dato: è un singolo valore di una singola variabile. Rappresenta una caratteristica, spesso numerica, raccolta attraverso un'osservazione scientificamente corretta. In senso più tecnico, i dati sono un insieme di valori di variabili qualitative o quantitative su uno o più soggetti. I dati vengono misurati, raccolti e analizzati. Possono essere visualizzati e interpretati attraverso grafici, immagini o altri strumenti di analisi.

Diagnostica per immagini: implica l'utilizzo d'immagini digitali ottenute con vari strumenti, al fine di analizzare un oggetto dall'esterno, senza toccarlo e, quindi, rovinarlo. Le immagini possono essere usate per vari fini: il restauro, l'interpretazione, la comunicazione degli esiti di una ricerca, nell'ambito di una mostra.

Digital ethnography: una metodologia qualitativa, basata sull'osservazione etnografica diretta dei visitatori o degli utenti da parte di un ricercatore.

Digitalizzazione: è il processo di creazione di record digitali che riproducono nei contenuti visivi, audio o audiovisivi artefatti analogici. Il processo si articola in diverse fasi: Analisi degli artefatti originali; Scelta dello standard di metadati per l'indicizzazione degli oggetti digitali in relazione alla tipologia di artefatti analogici e creazione dello schema da utilizzare; Acquisizione ottica degli artefatti analogici; Controllo di Qualità degli oggetti digitali; Conversione degli oggetti digitali dal formato master (TIFF) nei formati per la visualizzazione on line (JPEG, PDF, PNG); Post elaborazione dei formati per la visualizzazione; Generazione dei metadati per l'indicizzazione degli oggetti digitali sia master che di visualizzazione; Controllo di Qualità dei metadati; Associazione dei metadati agli oggetti digitale e creazione del record.

Embodiment: cioè l'" incorporazione", nel mondo sia reale che virtuale, determina il senso di presenza, il coinvolgimento, la misura delle proprie azioni attraverso le reazioni che esse determinano.

Esperienza: Il concetto di esperienza è legato alla sfera emotiva e affettiva, alle sensazioni e quindi alla psicologia di ciascun individuo.

Formato: identifica nominalmente il tipo di oggetto prodotto da un processo elettronico o digitale. Per convenzione è indicato attraverso l'estensione, un acronimo formato da una serie di lettere unito al nome del file tramite un punto.

Immersione: è una combinazione di più stati, ovvero di essere nel flusso, essere molto concentrati, avvertire un senso di presence, la sensazione di essere in un altro luogo.

Intelligenza Artificiale: l'abilità di un computer di svolgere funzioni e ragionamenti tipici della mente umana. Le tecnologie più diffuse dell'IA, abbreviato anche con AI dall'inglese Artificial Intelligence, sono quelle di Natural Language Processing, il riconoscimento e la sintesi vocale, e l'Image recognition, il riconoscimento d'immagini.

Intelligenza Emotiva: è la capacità di un individuo di riconoscere, distinguere, e di gestire le emozioni proprie e degli altri, al fine di raggiungere obiettivi esperienziali personalizzati e personalizzabili. Il concetto d'intelligenza emotiva è recente e risale al 1990, quando fu introdotta dagli psicologi statunitensi Peter Salovey e John D. Mayer. Il concetto ha iniziato a prendere piede però solo nel 1996, in seguito alla pubblicazione di Daniel Goleman "Intelligenza Emotiva: Che cos'è e perché può renderci felici".

Metadato: è un insieme d'informazioni sui dati.

Modellazione 3D digitale: tutte quelle azioni fatte per creare delle forme tridimensionali grazie a particolari software.

Museo Virtuale: un'entità digitale che attinge alle caratteristiche di un museo al fine d'integrare, valorizzare o aumentare l'esperienza museale attraverso la personalizzazione, l'interattività e la ricchezza dei contenuti.

Nuvola di punti: un insieme di punti acquisiti tramite rilievo eseguito con un laser scanner 3D o un fotogrammetrico, di cui sono note le coordinate.

OCR: è una tecnologia che permette di convertire il contenuto testuale di documenti digitali in PDF, ad esempio documenti o libri scannerizzati, in dati modificabili e ricercabili.

Ologramma: indica un metodo di descrizione, grafica o iconografica, completa di un oggetto chiamato appunto olografia. L'ologramma secondo la definizione scientifica è una lastra o pellicola fotografica riproducente l'immagine tridimensionale di un oggetto ottenuta con la tecnica dell'olografia. L'olografia è la tecnica che viene utilizzata per imprimere la pellicola con figure d'onda interferenti ottenute tramite l'uso di una fonte di luce coerente, cioè il laser. E' un processo costoso, complesso e non adatto per essere prodotto in grandi dimensioni. L'immagine percepita è un riflesso ed è una figura piana; la percezione della tridimensionalità è data dal contesto e dai movimenti del soggetto rappresentato.

Panorama: la rappresentazione di un luogo realizzato in computer grafica o fotografia digitale, che può essere esplorato dall'utente a 360° o almeno 180° gradi. Per estensione, è la tipologia di file fotografico a 360° gradi, oggi realizzabile anche tramite alcune tipologie di cellulare. Viene considerato uno dei primi media immersivi e il primo "mass medium". Il primo panorama dipinto, in un edificio circolare di mattoni a Leicester Square, fu "Panorama of London", realizzato nel 1793 da Aston Barker.

Piano Editoriale: è un documento che definisce la strategia di comunicazione di un progetto. Questo documento conterrà l'insieme dei processi di produzione dei contenuti, la loro pianificazione, la distribuzione sui canali scelti e i pubblici di riferimento. Caratteristiche fondamentali del Piano Editoriale sono flessibilità, deve essere periodicamente revisionato e adattato a eventuali nuove esigenze e condivisione, deve essere condiviso dall'intero team.

Profilazione Utente: un insieme di dati relativi a un individuo o a gruppi d'individui che possono essere conservati all'interno di un sistema informatico. In aggiunta alle unità informative di base, un profilo utente può contenere informazioni molto differenti, a seconda del contesto e delle necessità di fruizione. Le funzionalità della profilazione utente devono necessariamente essere modellate in relazione al contesto di applicazione, affinché l'esperienza (reale o virtuale) possa essere caratterizzata dalla personalizzazione dell'interazione dell'utente con l'ambiente circostante, avendo nel contempo cura che essa avvenga in maniera naturale e agile.

Rappresentazione virtuale: intende un qualunque scenario tridimensionale simulato al computer e visualizzato in forma di rendering. Questo rendering può essere prestabilito, in forma di animazione video, o può essere calcolato in tempo reale. Nel formato video, l'utente non può intervenire sullo svolgimento degli eventi, né modificare il punto di vista che gli viene proposto.

Realtà Aumentata: comprende tutti quei casi in cui l'ambiente reale viene "aumentato" tramite la sovrapposizione di oggetti virtuali con la vista utente, al fine di non occludere totalmente la visualizzazione. I dispositivi per AR più diffusi si possono suddividere in due categorie: Hand-held, un dispositivo che viene tenuto in mano, come un tablet o uno smartphone; Wearable, un dispositivo che appartiene alla categoria degli headmounted display, che può essere indossato come dei normali occhiali, con l'ovvio vantaggio di tenere le mani libere per compiere task di vario genere.

Realtà Immersiva: è il prodotto di un processo di creazione digitale 4D, che consente al visitatore di vivere un'esperienza di "immersione" in una dimensione spazio/temporale virtuale, in cui è ricreato un contesto/ambiente con cui egli può interagire tramite punti d'interesse.

Realtà Virtuale: è un ambiente tridimensionale creato artificialmente, che dovrebbe dare a un essere umano l'impressione di trovarsi a interagire in un ambiente reale attraverso i suoi 5 sensi. L'ambiente simulato è per lo più digitale; l'utente è incluso in questo spazio, si muove e lo percorre liberamente. La ricerca attualmente si è concentrata principalmente sul canale visivo e, in seconda istanza, su quello uditivo. Per l'olfatto le soluzioni finora implementate si basano sul rilascio di alcune essenze o di loro combinazioni, collocate in appositi contenitori già installati sul computer, ma le possibilità di combinazione sono limitate. Attualmente gli studi si stanno concentrando sulle interfacce e sulla sensazione tattile.

Restauro Virtuale: implica l'utilizzo di un modello virtuale per riordinare i resti di materiali disponibili relativi a un oggetto o a un sito al fine di ricreare visivamente qualcosa che esisteva in passato.

Ricostruzione Virtuale: implica l'utilizzo di un modello virtuale per ricostruire visivamente un bene culturale in un dato momento nel passato, includendo i dati della cultura materiale, come il patrimonio mobile e quello immobile, dell'ambiente, del paesaggio antropico e sociale, degli usi e costumi delle popolazioni in esso esistenti e dei valori culturali, religiosi e simbolici di cui essi si fanno portavoce.

Scansione 3D: un processo di acquisizione di dati materici dello spazio reale tridimensionale e loro trasformazione in informazioni digitali. I campi di applicazione sono molteplici, dalle scienze mediche all'architettura e al design. Si crea in questo modo una versione digitale che rappresenta la realtà sottoposta a scansione, da sottoporre a processi di elaborazione, modellazione 3D e di output. Diversi sono gli strumenti di acquisizione dati; il più conosciuto e utilizzato in campo architettonico e dei beni culturali è il laser scanner 3D. Esistono numerosi dispositivi che hanno la possibilità di trasformarsi, attraverso applicazioni, in scanner 3D, come ad esempio lo smartphone.

Sentiment analysis, l'analisi del sentimento: è il processo teso a determinare se un contenuto o una risorsa digitale abbiano una connotazione positiva, negativa o neutra. Un sistema di analisi del sentimento per l'analisi del testo combina l'elaborazione del linguaggio naturale (NLP) e le tecniche di apprendimento automatico, per assegnare punteggi di sentimento a ogni entità, argomento, tema e categoria all'interno di una stessa frase o di più frasi. L'analisi del sentimento aiuta gli analisti di dati all'interno delle grandi aziende a misurare l'opinione pubblica, condurre ricerche di mercato in maniera più approfondita, monitorare la reputazione del marchio e del prodotto, e comprendere le esperienze utenti.

SEO: Il termine S.E.O. È una sigla inglese che sta per Search Engine Optimization, tradotto letteralmente: "ottimizzazione per i motori di ricerca". E' quell'insieme di strategie e pratiche volte ad aumentare la visibilità di un sito internet, migliorandone la posizione nelle classifiche dei motori di ricerca.

Social Media Platform: è una piattaforma informatica, fruibile attraverso la rete internet e specifici applicativi per dispositivi mobili, attraverso cui condividere contenuti anche generati dagli utenti, in formato digitale, come testi, foto, video, immagini. I cosiddetti media di "social networking", come Facebook, Twitter, previa registrazione di un profilo utente, consentono di costruire una propria community con cui condividere i propri contenuti online.

Spazio virtuale digitale: indica un ambiente 2D e 3D dei software di rappresentazione digitale, in cui lo spazio è limitato e orientato rispetto a una terna cartesiana x, y, z di riferimento.

Storytelling: composto dall'unione dei termini inglesi Story, che significa storia e Telling, che significa raccontare, il termine indica la capacità di creare narrazioni coinvolgenti, in grado di creare un forte legame emotivo.

Streaming: indica l'emissione in diretta, emissione in continuo. Nell'ambito delle tecnologie della comunicazione, ascoltare o guardare materiale audio o video direttamente dalla Rete.

Test Usabilità: sono una metodologia che è finalizzata a misurare l'usabilità di un sito o applicazione digitale e che di solito prevede che l'utente esegua un certo numero di task (compiti), alla presenza di un "conduttore" e di un osservatore. In Italia, esiste il protocollo EGLU, che fornisce alle pubbliche amministrazioni un set di strumenti semplici per realizzare test di usabilità con un minimo di 5 utenti per tipologia di utente. Agid mette a disposizione il kit Usability Test per la realizzazione dei test di usabilità.

User Experience (UX), l'esperienza utente: è definita dall'ISO 9241-210 come "la percezione di una persona e i feedback che ne derivano dall'utilizzo o dalla fruizione di un prodotto, di un sistema o di un servizio". Il termine è quindi applicato sia alle manifestazioni psicologiche ed emotive dell'utente derivanti dall'interazione con la tecnologia, e interfacce in generale, sia dalle caratteristiche tecniche e pratiche di quest'ultima o dal contesto nel quale essa è inserita. L'esperienza utente è ovviamente soggettiva ed è considerata il grado di aderenza soggettiva tra aspettative e soddisfazione nell'interazione con un sistema, sia esso fisico che digitale.

Visualizzazione: la modalità in cui si presentano lo spazio virtuale e i modelli digitali. Essa è una proiezione su supporti specifici quali monitor video, schermo della telecamera e altri.

Web Analytics: la raccolta e analisi di dati statistici relativi all'utilizzo dei siti web, secondo specifiche metriche e dimensioni, e utilizzando apposite piattaforme, come ad esempio Matomo, Google Analytics, IBM Analytics.

CAPITOLO 3

Facebook e il Metaverso: ma anche gli altri big dell'economia mondiale

Ma perché stiamo parlando di Metaverso? Perché un argomento così famoso è entrato nelle nostre vite solo ora? Il merito, come per tante altre cose, va al padron dei social media: Mark Zuckerberg. Il padre di Facebook, WhatsApp, Instagram e tante altre piattaforme, ha dichiarato di credere fermamente nel Metaverso e, la sua forte voglia di esplorare questo mondo virtuale quanto reale, sta diventando realtà. Il gigante dei social media vuole realizzare il Metaverso, investendo in questo progetto un mucchio di soldi, una manovra che potrà davvero cambiare il nostro modo di vivere, pensare e interagire.

Abbiamo visto come il Metaverso sia un'evoluzione d'internet, una sua versione più avanzata grazie all'integrazione di app e oggetti realizzati in realtà aumentata e virtuale, che renderanno possibile l'integrazione dell'uomo al suo interno. La presenza dell'uomo nel Metaverso è ovviamente necessaria, poiché il Metaverso esiste solo con la creazione di avatar personali. Gli avatar renderanno possibile per una persona spostarsi da un luogo all'altro del Metaverso o, per usare le stesse parole di Zuckerberg, di teletrasportarsi tra i vari ambienti virtuali: case, negozi, centri commerciali, uffici e via dicendo. L'idea, come abbiamo imparato, non è nuova: ma data la paternità delle parole, le affermazioni del numero uno dei social media oggi stanno letteralmente facendo impazzire aziende e investitori.

Sono diverse le aziende big che vogliono collaborare a questa integrazione tra uomo, realtà virtuale e aumentata: un dopo internet che sembra fantascienza ma è più reale di quanto si possa pensare. E non parlo solo di negozi o videogiochi: pensiamo anche all'aspetto lavorativo. Il Metaverso farà in modo che le riunioni virtuali saranno ancor più reali, molto meglio delle solite piattaforme di videoconferenze alle quali oggi siamo abituati.

Le prospettive sono tante e molto ampie, non a caso l'ex Facebook Inc. Ha deciso d'investire tanti soldi in questa idea. La verità è che ancora non possiamo dire con esattezza cosa sarà il Metaverso. La risposta la avremo quando vedremo una delle sue prime concretizzazioni. E prima di allora forse dovremo anche chiederci cosa ne sarà del "nostroverso", ovvero della realtà reale che viviamo ora. Anche perché, stando alla definizione data all'inizio, il Metaverso ha senso di esistere soltanto in relazione alla "nostra" realtà.

Per essere ancora più incuriositi, ecco l'estratto della conversazione tra il CEO Casey Newton e Mark Zuckerberg:

«Newton: Hai detto ai tuoi dipendenti che la tua visione futura di Facebook non è la versione bidimensionale che si sta usando oggi, ma qualcosa si differente, qualcosa chiamato Metaverso. Cos'è un Metaverso e quali parti di esso Facebook ha intenzione di costruire?

Zuckerberg: Si tratta di un grande tema. Il Metaverso è una tecnologia che abbraccia molte aziende, anzi l'intera industria. Si può dire che è il successore dell'internet mobile. E certamente non è qualcosa che sarà una sola azienda a costruire, penso, però, che una grande parte del nostro prossimo capitolo sarà quella di contribuire a costruirlo, in collaborazione con molte altre aziende, creatori e sviluppatori. Si può pensare al Metaverso come a un internet immersivo e incarnato, dove, invece di visualizzare semplicemente il contenuto, ci sei proprio dentro. E ci sei insieme ad altre persone come se tu fossi in un altro luogo, dove fai esperienze diverse che non potresti fare su un'app 2D o su una pagina web, come ballare, per esempio, o praticare diversi tipi di fitness.

Penso che molte persone, quando pensano al Metaverso, pensano solo alla realtà virtuale — che sicuramente sarà una parte importante di questo fenomeno. Ed è chiaramente una parte molto coinvolgente, perché è la tecnologia che offre la forma più chiara di presenza virtuale. Ma il Metaverso non è solo realtà virtuale. Sarà accessibile attraverso tutte le nostre diverse piattaforme informatiche; VR e AR, ma anche PC, e anche dispositivi mobili e console di gioco. A questo proposito, molte persone pensano al Metaverso come qualcosa che riguarda principalmente il gioco. E penso che l'intrattenimento sarà chiaramente una grande parte di esso, ma non credo che questo sia solo intrattenimento. In realtà si tratta di ambiente persistente e sincrono dove possiamo stare e agire insieme. Probabilmente darà una sorta d'ibrido tra le attuali piattaforme sociali e la realtà virtuale, sarà soprattutto un ambiente della propria incarnazione».

Ma vediamo cosa dicono i big di questa rivoluzione.

Microsoft

Nell'ultimo mese, durante una conferenza dell'evento del colosso di Redmond, Microsoft Ignite 2021, il CEO di Microsoft Satya Nadella ha parlato del Metaverso: in futuro l'azienda continuerà a unire il mondo reale e quello digitale. Queste le sue parole: «*Quando parliamo di Metaverso, descriviamo sia una nuova piattaforma che un nuovo tipo di applicazione, in maniera simile a come in passato parlavamo del web. In un certo senso, possiamo dire che il Metaverso ci permetterà di portare il digitale nel mondo reale, e le persone nel mondo digitale. Stiamo parlando di presenza fisica, vera. [...] Per anni abbiamo parlato di rappresentazione digitale del mondo, ma ora abbiamo finalmente l'opportunità di andare a fondo e creare qualcosa di unico. La cosa importante è continuare a portare la nostra umanità con noi, decidendo cosa vogliamo fare e con chi vogliamo interagire. Non riesco nemmeno a spiegare quanto rivoluzionaria sia questa idea. Non guarderemo più una stanza da una telecamera, ma saremo letteralmente in quella stanza. Non parteciperemo più a riunioni online con i colleghi, ma saremo direttamente lì, di fianco a loro. Non giocheremo più ai videogiochi con gli amici, ma ci saremo dentro*».

E, riferendosi al mondo del gaming, ha detto: «*Potete aspettarvi novità anche in ambito video ludico. Prendete Halo, o Minecraft, o Microsoft Flight Simulator, questi sono tutti Metaversi. Dobbiamo solo capire, possiamo portarli da un mondo 2D a un mondo 3D? Posso solo dirvi che intendiamo farlo*».

Metaverso e Musica: Beatday

Gli artisti e le band riprodotte volumetricamente su un palcoscenico digitale: questo il progetto di Beatday, un Metaverso per la musica, che è pronto a rilasciare a breve una versione beta per pc e smartphone. Questa nuova tecnologia darà agli spettatori la sensazione di essere fisicamente a un concerto digitale invece di guardarne semplicemente. I frequentatori del concerto si muoveranno all'interno dell'arena come avatar e avranno la sensazione di un vero palco in diverse direzioni invece di una semplice vista 2D del palco. La registrazione volumetrica aumenta il grado di realismo e la sensazione di presenza rispetto a quanto si otterrebbe con i video 3D convenzionali con un effetto di profondità. In questo modo è concepibile anche una passeggiata virtuale direttamente sul palco del concerto. Ancora da decidere il prezzo dei biglietti, che potrebbe aggirarsi intono ai 10 dollari, senza dimenticare il merchandising come l'abbigliamento, le t-shirt e tutti i gadget degli artisti. Concerti olografici che sembrano essere la nuova frontiera musicale, pronti a far dimenticare quelli fisici che potevamo godere prima della pandemia. E nulla è al caso: Beatday è pronta anche per venire incontro a tutte le esigenze degli artisti come le licenze musicali, le etichette discografiche e la gestione, creando una vera e propria nuova opportunità di business e marketing. Insomma, una vera e nuova rivoluzione.

Musica

Poiché la possibilità di esibirsi dal vivo come anche le esibizioni musicali sono quasi scomparse durante l'avvento dell'epidemia di COVID-19, l'industria musicale e, in particolare, gli artisti dello spettacolo sono stati costretti a rinnovarsi e trovare nuovi modi per raggiungere i propri fans. Naturalmente hanno iniziato a esibirsi online. Lo streaming non è certo una novità: i Rolling Stones furono i primi a farlo nel 1995 seguiti poi da tanti altri colleghi. Diverse caratteristiche distintive contraddistinguono questa nuova forma del consumo di musica nel Metaverso rispetto al tradizionale Streaming live:

- La capacità di costruire o esibirsi in un luogo virtuale;
- La capacità d'interagire con il pubblico, in tempo reale;
- La combinazione di più di un'artista che si esibisce da un luogo diverso, reale o virtuale che sia;
- La possibilità di utilizzare un avatar o altri elementi visivi a rappresentazione dell'artista;
- Nuove capacità di produzione, compresa la manipolazione dell'ambiente virtuale e la combinazione con la produzione musicale dell'artista;
- Una piattaforma privata.

Ci sono stati molti esempi di questa forma d'arte musicale così innovativa negli ultimi anni, ma forse il più sorprendente e il miglior esempio di successo commerciale è stata l'esibizione di Travis Scott su Fortnite. La risonanza e la partecipazione del pubblico per questo evento è stata fenomenale. A parte eventi virtuali e NFT, un altro fenomeno del Metaverso che colpisce il settore musicale è stato l'emergere di "artisti" virtuali. Mentre l'idea d'interagire con un artista virtuale, creato dall'intelligenza artificiale e non avere una personalità umana, potrebbe essere un anatema per molti veri fan della musica, oggi molti artisti stiano guadagnando un enorme interesse da questa possibilità. Un buon esempio è FN Meka, un rapper robot noto per il suo stile stravagante. Ha l'aspetto di un cyborg con capelli e occhi verdi, molti tatuaggi e una mano d'oro. Anche se tutto questo può sembrare divertente ed eccessivamente futuristico, ha un serio potenziale commerciale. FN Meka ha oltre 9 milioni follower su TikTok, molto di più dei suoi colleghi reali.

Il Metaverso è un'opportunità o una minaccia per la musica? Il Metaverso può essere un'opportunità e una minaccia per l'industria musicale. La produzione e le capacità esperienziali della tecnologia continuano a spingere confini e creare nuove esperienze di consumo, da un lato gli artisti che si affidano a tecniche di produzione vecchio stile e ai canali tradizionali per raggiungere il rischio del proprio pubblico rimangono indietro. Alcuni dei più unidimensionali approcci all'industria musicale, il possesso dei diritti e la monetizzazione tramite abbonamento canali di streaming, diventeranno rapidamente mercificati e meccanizzati. Nel frattempo, la promessa commerciale a disposizione di chi è pronto a spingersi oltre i limiti e a usare tutta la tecnologia disponibile per coinvolgere e creare è alle stelle. La pandemia di COVID-19, che ha costretto il mondo a migrare online per l'intrattenimento, ha dimostrato come l'industria musicale che ha emesso biglietti, ha prodotto abilmente uno streaming live coinvolgente. È probabile che i concerti e i festival più significativi avranno luogo online.

E quali sono i problemi legali per la musica nel Metaverso? Nella musica, come per tante altre arti, la considerazione principale quando la musica viene creata, eseguita, trasmessa in streaming e sfruttata online è autorizzazioni dei diritti d'autore. Tuttavia, la proliferazione di musica, performance e sfruttamento all'interno di nuovi ambienti, chiusi o anche online, aggiunge il problema del diritto di processo di licenza musicale. Facciamo un esempio: prendiamo un fornitore di musica digitale, come ad esempio Spotify, e immaginiamo che la piattaforma voglia promuovere e ospitare un concerto live in streaming su un'altra piattaforma, come ad esempio durante un torneo di gioco della Playstation. Per assistere al concerto, un consumatore dovrebbe essere un utente della piattaforma di gioco e aver acquistato il biglietto d'accesso al torneo. Tuttavia, il concerto in live streaming sarebbe disponibile solo per un numero limitato numero di superfan. La rete degli obblighi contrattuali per navigare e le questioni di autorizzazione dei diritti a cui pensare sono davvero vasti in questo ambiente. Chiunque cerchi usare la musica di qualcun altro nel Metaverso, quindi, dovrà essere sicuro che i termini in base ai quali essi ottenere una licenza in linea con i termini con i quali è stato stipulato l'accordo per utilizzare la musica in questione. Uno degli argomenti più interessanti riguarda la creazione di musica nel Metaverso. Le persone esisteranno, proietteranno la loro immagine e spenderanno il loro tempo nel Metaverso, il prossimo passo logico per loro è uscire dallo studio di registrazione della vita reale e nell'ambiente creativo virtuale. Già, ci sono esempi estesi di ciò che sta avvenendo: cuffie VR e controller che consentono agli utenti d'interagire con la grafica e che rappresentano gli strumenti musicali sono ampiamente a disposizione. In un livello più prosaico, ambienti Metaversi come Minecraft, Roblox e Fortnite contengono codici di canzoni, strumenti, strumenti di registrazione e controlli di manipolazione della musica che consentono agli utenti di essere musicalmente creativi. La prevalenza e l'espansione della musica nel Metaverso presenta certamente nuove sfide.

Second Life

Second Life è un mondo virtuale tridimensionale online, lanciato il 23 giugno 2003 dalla società americana Linden Lab, nel quale si può entrare grazie a un avatar, un personaggio che l'utente sceglie per rappresentare se stesso e che ottiene gratuitamente una volta creato un account. Muoversi/identificarsi con un personaggio virtuale in uno spazio tridimensionale, anch'esso virtuale, è oggi esperienza piuttosto comune non solo per i giocatori di videogame ma anche per gli utenti d'iPhone e di telefonini che si trovano quasi per caso a giocare Mirror's Edge o Assassins Creed in un momento di noia, durante un viaggio in treno o in sala d'attesa dal dentista. Tuttavia Second Life viene considerato un mondo e non un gioco poiché consente all'utente un'esperienza molto più ricca di quella che può avere un giocatore di videogame o di MMORG per almeno tre motivi. Second Life permette agli utenti di costruire il loro mondo, creare oggetti e darsi un comportamento, all'interno di uno spazio persistente che simula la natura fisica del mondo reale. Dà inoltre loro la possibilità di relazionarsi come in un grande social network, in chat testuale ma anche a voce, sperimentando un senso di presenza che nessuna altra attività sincrona a distanza riesce a dare e creando un senso di appartenenza a una comunità. In questo contesto anche la possibilità di personalizzare l'avatar è una forma di comunicazione poiché la costruzione del personaggio consente di esprimere un qualche aspetto di sé. A differenza dei giochi, in Second Life non esistono obiettivi, traguardi finali, punteggi, competizioni e strategia. All'interno di Second Life esistono regole ben precise, una sorta di galateo virtuale che gli utenti sono tenuti a rispettare:

- Decenza: azioni indecenti, illecite e proibite, possono essere effettuate solo all'interno di territori ben delimitati, contrassegnati dalla lettera M;
- Non aggredire: La maggior parte delle zone di SL sono classificate come "senza aggressione", Safe;
- Non molestare: non viene accettata alcun tipo di molestia sia relativa al linguaggio sia al comportamento oltraggioso;
- Pace e tranquillità: ogni giocatore deve essere libero di vivere

tranquillamente;

- Protezione della vita privata: tutti hanno diritto alla piena e totale privacy;
- Tolleranza: un valore fondamentale per tutti gli utenti di SL. Non sono ammesse allusioni riguardanti il sesso, la razza, la religione. Viene considerata negativa ogni azione che tende a diffamare, emarginare, una persona o una categoria di persone.

L'economia di Second Life è basata sui Linden Dollars, solitamente abbreviato con L$. Acquistabili direttamente sul sito o all'interno della piattaforma con carta di credito.

Apprensivamente puoi regolarti calcolando 2-3 euro per 1000 L$. Alcuni utenti hanno sviluppato il proprio business proprio acquistando dei L$ e rivendendoli quando avevano aumentato il proprio valore, oppure acquistando cose o terreni e rimettendoli in vendita a un prezzo più alto. Altri hanno avviato una attività su SL.

Glossario del Second Life

Afk, Away From Keyboard: espressione per indicare l'utente che si è allontanato dalla tastiera.

Ar, Abuse Report: espressione usata per segnalare tutti quei comportamenti che violano le regole della piattaforma.

Avatar: è l'alter ego virtuale con cui si presentano i resident.

Cages, Gabbie: una molestia del mondo del Second Life.

Camping Chair: sono quelle sedie da campeggio, che nel mondo virtuale si trovano nei pressi di un casinò e permettono di guadagnare Linden Dollar ogni dieci minuti semplicemente standovi seduti sopra.

Frebbie: tutti quelli oggetti che si possono ottenere gratis.

Furries: ossia degli avatar zoomorfi, parte uomo parte animale, con una lunga coda.

Linden Dollar: la valuta in uso nella Second Life.

Mature: quella particolare zone in cui sono leciti gli atti di violenza, le nudità, le attività sessuali e l'uso di un linguaggio pesante.

Mmorpg, Massive Multiplayer Role Playing Game: un gioco di ruolo virtuale in cui vengono ammessi numeri illimitati di utenti.

Money Trees: gli alberi dei soldi dove sono appese banconote, mele, banane e ananas. Raccogliendo i frutti si possono guadagnare Linden Dollar.

Newbie: il nuovo utente, quello appena iscritto.

Prims: tutti gli elementi base che servono per costruire in Second Life.

Resident: con questo termine si indicano tutti i giocatori, i frequentatori e gli abitanti di Second Life.

Teen Grid: ossia una limitazione d'accesso. Per entrare in Second Life è necessario avere più di 13 anni; per entrare nella teen area è necessario avere tra i 13 e i 18 anni, al suo interno gli adulti non sono ammessi.

Tringo: la tombola digitale che si gioca all'interno dei casinò.

Conclusioni

Investire nel Metaverso: una nuova sfida per i trader

Prima di concludere voglio darti l'opportunità di essere parte attivo del Metaverso già da oggi, come? Investendo su di esso!

Nessun settore può essere al sicuro quando parliamo di Metaverso: anche gli investimenti stanno entrando in questa nuova corrente rivoluzionaria. Nonostante sia prematuro, già da oggi sono vaste le opportunità d'investimento indiretto nel Metaverso. Gli studiosi del settore, stimano che il Metaverso arriverà a raggiungere 800 miliardi di dollari entro il 2024: davvero un'opportunità ghiotta per gli investitori. Ma come investire nel Metaverso? Vediamolo insieme.

1. Le azioni del Metaverso

Il metodo più classico è sicuramente investire acquistando azioni del Metaverso, ossia azioni di società quotate in borsa che risultano essere coinvolte nello sviluppo del Metaverso. Facebook oggi è sicuramente l'esempio più florido di questa possibilità, ma anche nomi come Microsoft, Unity Software, Roblox, Amazon, Walt Disney e Nvidia possono offrire possibilità interessanti per chi vuole investire.

1. Metaverse Exchange-Traded Funds (ETFs)

Il secondo metodo è acquistare un ETF del Metaverso, ossia l'Exchange Traded Fund, un paniere di titoli che vengono scambiati in borsa proprio come succederebbe per le più classiche delle azioni. L'ETC azionario del Metaverso permette all'investitore d'investire nella società che sta realizzando ili Metaverso o che promette di farlo in un futuro non troppo lontano. Un esempio è l'ETF META, Il Roundhill Ball Metaverse, creato per premettere agli investitori di raccogliere tutti i benefici economici del Metaverso, al suo interno troviamo titoli di Nvidia, Microsoft, Roblox, Tencent, Unity e Amazon.

1. Virtual World Tokens legati al Metaverso

Investire nel token, ossia investire nel mondo virtuale acquistando terreni e oggetti da collezione: pensiamo di acquistare un lotto di terreno e poi, un giorno, su questo lotto sorgerà il prossimo Nike Store, un bel colpo non ti pare? L'esempio vincente di token è quello del MVI, Metaverse Index, che dà una gamma di token in grado di coprire aree non fungibili, mondi virtuali e anche giochi online. Un altro esempio da prendere in considerazione è il token di Decentraland: una piattaforma che consente, appunto, di acquistare terreni e permette agli utenti d'interagire e giocare tra loro. Attualmente è il mondo virtuale più grande e i suoi terreni sono rappresentati anche sulla blockchain di Ethereum.

1. NFT del Metaverso

Il Metaverso basato su una blockchain che andrà a utilizzare gli NFT e le criptovalute, potranno essere d'aiuto nello sviluppo e nell'adozione mondiale della realtà virtuale. Il Metaverso così inteso sarà in grado di permettere agli utenti di spostare il proprio avatar e le proprie risorse virtuali da un mondo all'altro. Gli NFT possono essere definiti come degli asset digitali che rappresentano, in maniera digitale, una gamma di oggetti unici come quelli artistici, quelli per l'in-game e perfino quelli da collezione. Già oggi le piattaforme come Decentraland e The Sandbox, danno la possibilità agli utenti di acquistare lotti di terreno virtuali e costruire ambienti sempre attraverso l'NFT.

Quindi è importante agire subito e investire: una realtà, quella del Metaverso, che sta prendendo sempre più piede non aspetta di certo noi o i nostri investimenti. Quindi la parola d'ordine è agire, oggi stesso.

NFT

INTRODUZIONE

Prima ancora di capire cosa sono gli NFT, dobbiamo capire cosa sono i loro opposti: partiamo dalla definizione di fungibile. Il termine si riferisce a tutti quei beni che, una volta acquistati, possono essere sostituiti da un bene identico: un chilo di farina, un barile di petrolio, un'oncia d'oro e via dicendo. Una volta acquistato un bene del genere, non interessa la tipologia dell'acquisto. Al contrario una macchina è un bene non fungibile: se voglio una Ferrari modello A, non sarò certo contento di vedermi recapitare il modello B, ma esigerò quello che ho ordinato. A quella Ferrari poi verrà data una targa e un certificato di proprietà. Ecco, l'NFT può essere assimilato a questo certificato di proprietà. Anche i dipinti, le sculture e tutte le opere d'arte possono essere esempi di beni non fungibili: l'Ultima cena di Leonardo è unica al mondo. Acquistare un'opera d'arte significa acquistare quell'unico esemplare al mondo, diventato l'unico proprietario di un simile tesoro.

Buona lettura.

CAPITOLO 1

Che cosa sono gli NFT: i Token Non-Fungibili

I Token Non-Fungibili, NFT, sono così creati affinché una parte o una sua quantità possa essere sostituita da un'altra parte o quantità uguale: possono essere scambiati con un altro oggetto o valore. Ogni token è uguale a un altro ed è capace di essere sostituito in maniera reciproca. Per esempio, se qualcuno prende in prestito 1 ETH (Ether è una criptovaluta, necessaria per operare sulla Blockchain di Ethereum), molto probabilmente spenderà quel 1 ETH e restituirà un altro 1 ETH dello stesso valore.

Un Token Non-Fungibile (non-fungibile token, o NFT) è una tipologia di token crittografico che rappresenta qualcosa di unico: gli NFT non sono reciprocamente intercambiabili ma possono essere scambiati con la stessa quantità dello stesso tipo, proprio perché unici, rari, scarsi e perché ognuno possiede diverse funzionalità e caratteristiche. Un esempio tipico è quello riconducibile al mondo dell'arte: come dicevamo poco fa, l'Ultima cena di Leonardo è un'opera unica al mondo. Possiamo anche immaginare gli NFT come una forma virtuale di un videogioco: ricordi il Tamagotchi, tipico degli anni '90? Ecco, quel gioco era unico nel suo genere, con forme, funzionalità e proprietà davvero differenti rispetto ad altri giochi.

La principale differenza tra i token fungibili e quelli non fungibili è il fatto che i primi sono divisibili in frazioni, i secondi invece sono definitivamente indivisibili.

Gli NFT vengono utilizzati per creare scarsità digitale verificabile, proprietà digitale e/o possibilità d'interoperabilità delle risorse su più piattaforme. Gli NFT sono usati in diverse applicazioni specifiche, che richiedono oggetti digitali unici come Crypto art, oggetti da collezione digitali e giochi online. Gli NFT rappresentano un'evoluzione della proprietà fisica di un determinato bene. Sono degli asset digitali unici che permettono a chi li usa di esserne i veri proprietari. Possono essere scambiati in marketplace appositi creando così un processo di tokenizzazione dalla realtà al digitale. Le proprietà che un NFT deve necessariamente avere per esser definito tale, sono le seguenti:

- Unicità: ogni NFT è unico nel suo genere;
- Indivisibilità: ogni NFT è indivisibile e non è possibile prendere una porzione di NFT;
- Univocità: ogni NFT ha un ID univoco. Per questo motivo l'indirizzo di contratto, il token ID, è unico all'interno dell'ecosistema di riferimento.

Se queste tre proprietà non sussistono, non possiamo parlare di NFT.

Dal punto di vista informatico, ogni NFT deve sottostare a queste rigide regole: Approfondendo le caratteristiche proprie di questi token, rientrano quindi l'unicità, la scarsità, l'indivisibilità (possono essere venduti, acquistati, trasferiti solo interamente). I protocolli che permettono l'emissione di NFT sono diversi: oggi il più conosciuto è ERC-721, uno standard per l'emissione e lo scambio di asset non fungibili sulla Blockchain di Ethereum. Più recentemente è stato rilasciato anche il protocollo ERC1155, che permette d'inserire all'interno del contratto sia token fungibili che Token Non-Fungibili.

In realtà, a partire dal 2017, l'anno di creazione dei primi token collezionabili denominati CryptoKitties e rilasciati sulla rete Ethereum proprio grazie al protocollo ERC-721, sono nate decine di Blockchain alternative, che hanno come obiettivo quello di mettere a disposizione tutte le tecnologie inerenti la creazione, la gestione, la diffusione e lo scambio di token crittografici NFT. Si possono visionare i progetti esistenti e indirizzati per la capitalizzazione del mercato.

L'utilizzo degli NFT

Qualsiasi oggetto digitale può diventare un NFT e per questo deve essere coniato (dall'inglese "minted ", utilizzato per far riferimento all'inserimento di un determinato asset digitale all'interno di una Blockchain sotto forma di token non fungibile).

L'uso dei Token Non-Fungibili è davvero vasto: la tokenizzazione permette di sostituire i dati preziosi e sensibili, i beni, i diritti, le carte di pagamento e tanto altro, creando uno speculare asset digitale unico che non si può modificare, che è certificato e che permette di essere liberamente scambiabile. Alcuni dei campi d'applicazione più frequenti sono:

1. Documenti Finanziari

Le fatture, gli ordini, le garanzie, le buste paga e tanti altri documenti, possono essere trasformati in NFT ed essere scambiati con essi. Si possono anche usare gli NFT per Ticketing, Loyalty Points, Procedure Kyc, Procedure di Self Sovereign Identity, Programmi Umanitari, Supply Chain Tracking e davvero tanto altro.

1. Gaming

   Gli NFT servono come oggetti da collezione digitali od oggetti di scena per il gioco, come armi, vestiti e altri oggetti. Questo fondamentalmente crea la scarsità digitale per i gadget nei videogiochi ed è un nuovo modo di utilizzare la tecnologia Blockchain decentralizzata nel gioco per mantenere oggetti scarsi, invece di fare affidamento sulla centralizzazione, la sicurezza e la convalida del creatore del gioco.

1. Proprietà intellettuale

Gli NFT possono rappresentare un quadro, un opera, una canzone, un testo, un brevetto o dei diritti di proprietà intellettuale. Alcune aziende si sono specializzate nella vendita di token come licenze. La tokenizzazione dei diritti IP, permette agli autori di controllare sempre i loro lavori e assicurarsi che vengano pagati in maniera congrua.

1. Reale Estate

Gli immobili, gli oggetti preziosi, i veicoli e tutte le altre proprietà possono essere tokenizzate e la loro tokenizzazione può essere utilizzata per il finanziamento, l'espansione o la potenziale liquidità della proprietà.

1. Self Sovereign Identity

Gli NFT possono anche servire per verificare l'identità o rappresentare certificati di nascita, licenze, credenziali accademiche, onorificenze e altro. Questi e tanti altri oggetti possono essere conservati, in maniera sicura, grazie al formato digitale, che è in grado di preservarli dalle contraffazioni o da eventuali abusi.

Gli NFT possono quindi essere utilizzati per certificare l'autenticità e la proprietà di beni molto vari come opere d'arte digitali, musiche, meme popolari e persino tweet. Ovviamente, poiché di natura digitale, tutti questi oggetti o file possono essere facilmente duplicati; è opportuno perciò sottolineare che gli NFT non ne impediscono la duplicazione. Generalmente questa possibilità di duplicazione rende virtualmente impossibile stabilire chi è il proprietario del file originale; se però un individuo acquista il Token Non-Fungibile token di quell'opera o bene digitale questi verrà identificato come il legittimo proprietario del file originale.

La maggior parte degli NFT è presente sulla Blockchain della piattaforma Ethereum: infatti, oltre all'utilizzo della moneta virtuale ether (o ETH) all'interno della rete, Ethereum supporta anche la creazione di Token Non-Fungibili i quali contengono più informazioni all'interno, funzionando per questa ragione, come si apprende da un articolo di The Verge, in maniera diversa rispetto a una valuta come ether.

Come si legge sul sito di Ethereum, gli NFT consentirebbero in questo modo di risolvere alcuni dei problemi collegati all'utilizzo d'Internet: «mentre tutto diventa più digitale, si avverte il bisogno di replicare le caratteristiche degli item fisici come la scarsità, l'unicità e il certificato di proprietà». Per fare un esempio pratico di come gli NFT potrebbero rispondere a questa problematica, è possibile sostenere che una copia di un file digitale (come un'immagine JPEG o un brano MP3) è uguale al file originale; ogni NFT a sua volta è «digitalmente unico, cioè non ci sono due NFT uguali» e quindi all'oggetto "coniato" vengono attribuite le caratteristiche già menzionate, che generalmente sono appannaggio dei beni fisici.

CAPITOLO 2
La Tecnologia della Blockchain

La Blockchain, termine che possiamo tradurre come "catena di blocchi" è un registro digitale con voci che vengono raggruppate in blocchi, uniti in ordine cronologico e regolati attraverso la crittografia. Possiamo quindi anche definirla come una struttura di dati condivisa e immutabile. Oggi la Blockchain è l'alternativa principale per la sicurezza, l'affidabilità, la trasparenza e i costi che le banche dati e i registri usano nelle pubbliche amministrazioni, nelle banche, nelle assicurazioni e via dicendo. La prima Blockchain nasce nel recente 2008 da un autore sconosciuto di cui si sa solo il suo pseudonimo: Satoshi Nakamoto. L'autore volle creare un registro di tutte le transazioni della valuta digitale dei Bitcoin e, il primo acquisto che fu alla base di questa moderna tecnologia, fu una pizza. Con gli anni la tecnologia della Blockchain crebbe sempre di più: nel 2014 aveva raggiunto i 20 giga byte e cinque anni dopo arrivò a 162 giga byte. L'idea di base era quella di dare la possibilità alle persone si entrare in possesso di un deposito monetario sicuro e, che al tempo stesso, fosse in grado di proteggere la privacy. La consacrazione vera e propria della Blockchain arriva però solo nel 2017. Il parlamento dello stato del Nevada liberalizza la Blockchain dichiarando quanto segue: «viene impedito alle autorità locali d'imporre tasse sulla Blockchain; viene impedita qualsiasi forma di licenza per l'uso della Blockchain; viene impedita qualsiasi altra richiesta sull'uso della Blockchain».

Cos'è la Blockchain

Torniamo a noi, quindi cos'è questa Blockchain? Abbiamo una definizione? Certo che sì, vediamo cosa ci dice Wikipedia a proposito: l'enciclopedia più famosa del web definisce la Blockchain come «un registro digitale aperto e distribuito, in grado di memorizzare record di dati (solitamente, denominati "transazioni") in modo sicuro, verificabile e permanente. Quando vengono scritti, i dati all'interno di un blocco non possono essere alterati in maniera retroattiva senza che vengano modificati tutti i successivi blocchi e questo, a causa della natura del protocollo, ha bisogno del consenso della maggioranza della rete». Da questa definizione possiamo dedurre che la Blockchain è una sorta di lista, destinata a crescere in continuazione, fatta di blocchi collegati l'uno con l'altro: a ogni blocco poi possono essere associate delle transazioni e una marca temporale.

L'aspetto davvero rivoluzionario della Blockchain è che tutti i dati salvati sono incorruttibili: non esistono copie e nessun utente è più credibile di altri, ma sono tutti allo stesso livello. Come abbiamo detto tutte le transazioni che avvengono al suo interno sono raggruppate in dei blocchi: il numero delle transazioni all'interno di ogni blocco può variare in base alla dimensione della transazione. I blocchi sono composti da due parti: da un lato c'è l'header: al cui interno sono presenti sette campi di gestione del blocco; dall'altro lato c'è il body: al cui interno sono racchiuse le transazioni.

Per essere un concetto "quasi" astratto, la Blockchain può essere compresa meglio guardando le sue applicazioni. Oggi questa tecnologia è in grado di trasformare qualsiasi modello operativo per creare nuove tecnologie, nuove economie e nuovi sistemi sociali. Il suo utilizzo potrebbe portare miglioramenti nelle transazioni finanziare, ai beni contabili e ai social network. Pensiamo ai sistemi di pagamento e alle valute digitali: si basano tutte sulla Blockchain. Inoltre questa tecnologia è lo strumento migliore per certificare la data di un documento, automatizzare processi che richiedevano molto tempo perché fatti manualmente. Ad esempio i maggiori campi applicativi sono:

1. Il campo assicurativo: per le assicurazioni peer-to-peer, le assicurazioni

parametriche e le micro assicurazioni;

2. L'archiviazione di dati, pubblicazione di testi e identificazione delle origini dell'arte digitale;
3. La rete wireless: per garantire la condivisione;
4. Le banche: che la usano per velocizzare i loro processi nel back office;
5. Le criptovalute;
6. Lo sviluppo di sistemi informativi medici.

I vantaggi della Blockchain

Dopo aver visto quali sono i concetti fondamentali per comprendere meglio la natura della tecnologia Blockchain, ora andiamo a vedere quali sono i suoi vantaggi. È vero, la Blockchain è molto altro ancora ma oggi il mio compito è guidarti in tutt'altro ma, come avrai sicuramente compreso, non potevo parlarti delle Criptovalute senza aver prima accennato a questa tecnologia. Magari chissà, un giorno leggerai un altro mio libro proprio sulla Blockchain. Ma ora non distraiamoci.

La Blockchain può essere sostanzialmente applicata in ogni settore e, anche se allo stato attuale è balzata agli onori delle cronache solo per la sua natura prettamente finanziaria, in realtà parliamo di un'innovazione che nei prossimi anni avrà modo di rivoluzionare ogni settore dell'attività umana impattando prepotentemente sulle vite di tutti noi, incluse ovviamente anche quelle di tutti coloro che sono contrari al suo utilizzo.

Prima di tutto è importante parlare di trasparenza: per una tecnologia che si fonda sulla crittografia, l'aspetto più importante e interessante è la Blockchain, ossia la sua capacità di rendere accessibili a chiunque le informazioni archiviate. Anche se molti puntano il dito contro la Blockchain mettendo in campo questioni critiche come l'evasione, il riciclaggio e il finanziamento a scopo terroristico, la Blockchain può essere usata con ogni genere di finalità, visto che non esiste innovazione tecnologica nella storia umana che non sia stata caratterizzata da questi punti critici (purtroppo).

Anche la stampa può essere usata per informare le persone ma anche per indottrinarle: basti pensare ad esempio alla stampa di regime. Che cosa avremmo dovuto fare, come genere umano, vietare la stampa per prevenire il rischio d'indottrinamento? Sarebbe stato semplicemente folle. Quindi questa tecnologia sì, può favorire aspetti e ambiti negativi come quelli detti poco fa ma, dal momento che i registri distribuiti sono accessibili a chiunque, può essere anche usata, in virtù della sua grande trasparenza, per prevenire truffe, monitorare fenomeni come il finanziamento ai partiti e aumentare quindi la trasparenza finanziaria in un gran numero di diversi ambiti. Pensiamo ad esempio ai continui scandali che hanno coinvolto il mondo della beneficenza e delle associazioni senza scopo di lucro.

Grazie a questa tecnologia oggi si possono raccogliere soldi per fondi e donazioni, rendendo totalmente trasparente l'intero processo! Pensiamo ad esempio ai fondi raccolti a seguito di terremoti o altre tragedie che sono capitate nel nostro paese: se quei fondi fossero stati raccolti usando una Blockchain per la gestione delle donazioni, tutti i donatori avrebbero potuto controllare le donazioni raccolte e seguire come la donazione sarebbe stata spesa. Nessuno scandalo potrebbe più travolgere alcuna associazione benefica se le raccolte fondi venissero gestite utilizzando una Blockchain.

L'anonimato, poi, insieme all'immutabilità del dato che viene archiviato su Blockchain, fa di questa tecnologia il sistema di voto migliore. L'anonimato quindi rappresenta da un lato una parte critica di questa tecnologia, se pensiamo alla condivisione dei dati sanitari utili per la ricerca ma dannosi per le persone civili. Infatti i ricercatori potrebbero Ave a disposizione dati numerosi e preziosi per sviluppare nuove tecnologie di cura ma, di contro, sarebbero un pericolo per le persone comuni dal momento che il dato sanitario è uno tra i più sensibili in assoluto. Pensiamo, per fare un esempio, ai malati di AIDS; da un lato è certamente auspicabile che queste persone condividano le loro informazioni sanitarie perché questo permetterebbe ai ricercatori di ricavare informazioni estremamente utili nella ricerca di una cura ma poi nessun malato verrebbe che la sua condizione diventasse di pubblico dominio.

Ebbene la Blockchain, in virtù della sua trasparenza e del suo anonimato, permetterebbe la condivisione dei dati sanitari in forma completamente anonima, senza che sia mai possibile risalire alla persona fisica a cui quei dati fanno riferimento ma consentendo ai ricercatori di mettere le mani su una mole impressionante di dati su cui lavorare che, sotto il profilo medico, rappresentano una vera e propria manna.

Un altro grande vantaggio della Blockchain è che riesce a snellire qualsiasi processo richieda una validazione: infatti non è richiesto un intervento da parte dell'uomo per certificare una qualsiasi informazione e questo riduce i costi e i tempi per processare vari iter, burocratici e non. Ecco perché oggi le grandi banche si sono convertite alla Blockchain e a loro seguono i grandi colossi mondiali.

I detrattori di questa tecnologia muovono, ogni giorno, una critica dopo l'altra verso la Blockchain: ma come possiamo criticare una tecnologia che nasce e si sviluppa per migliorare la nostra vita? Pensiamo alle relazioni personali e istituzionali: la Blockchain è riuscita a dare reputazione e veridicità a questi rapporti e, con il progresso dei sistemi d'identità digitale (come lo SPID e la firma digitale), sarà sempre più difficile falsificare, mentire e barare online. Ecco perché quando mi chiedono come mai oggi sentiamo l'espressione "il boom della Blockchain" non posso che essere felice: non è misticismo, non è utopia ma è semplicemente una fiducia nella tecnologia e in uno strumento che ci promette, oggi e domani, di riuscire a migliorare la nostra vita, a tutelare la nostra identità e i nostri rapporti.

CAPITOLO 3
Come funzionano i Token Non-Fungibili

Ora che abbiamo visto cosa sono e come possono essere usati gli NFT, come funziona la Blockchain e i suoi campi applicativi, dobbiamo vedere il loro reale funzionamento grazie a dei semplici e chiari concetti.

1. Gli Standard ERC

La Blockchain di Ethereum non è l'unica in grado di supportare gli NFT, ma è da questa che dobbiamo partire per capire il suo funzionamento. Lo standard che viene oggi usato, anzi il più importante, è quello chiamato ERC 721: esso prevedere alcune regole semplici per quanto riguarda la creazione sulla Blockchain di Ethereum di un token unico. Questo standard è quello che viene usato per i progetti come il Decentraland, il CryptoKitties e il CryptoBeasties.

1. La creazione del token NFT

Il token viene creato sulla Blockchain, incorporando un ID unico che lo rappresenta e con delle indicazioni sui metadati che incorpora. In questo momento il token è unico, diverso da tutti gli altri e viene identificato in maniera univoca: la creazione assegna anche questo token a un portafoglio in grado di fare storage di token ERC 721, o in alternativa dello standard che abbiamo deciso di utilizzare. Poiché stiamo parlando di un Token Crypto, supportato da una vera e reale Blockchain, il Token può essere scambiato sia con la smart contract sia con lo scambio manuale. Sono degli asset che si possono vendere e comprare e, in merito a questo aspetto, esistono mercati che danno la possibilità di eseguire aste o accordi privati per la loro compravendita.

1. Cosa rappresenta il token?

La proprietà, anche se ancora non è chiaro come questi diritti possano essere fatti valere. Quello che a noi interessa oggi, è che la Blockchain possa garantire dei livelli di sicurezza ottimali da permettere la conservazione dei Token NFT per lo scambio. Se già ti interessi di criptovalute, saprai che questi sistemi sono assai sicuri: gli unici che permettono di rendere permanenti i trasferimenti. Se applichiamo questo concetto al mondo degli NFT, saremo in grado di esporre all'enorme potenziale di questa tecnologia un futuro assai prospero nei mercati dell'economia importanti: quello dell'arte, appunto.

1. Bragging rights, il diritto di vantarsi.

Gli NFT sono in grado di fare del concetto di proprietà e di possesso un campo nuovo. Pensiamo alle aste: non sono altro che passaggi di proprietà di oggetti che in realtà sarebbero nella disponibilità (almeno visiva) di tutti. Chiunque potrebbe copiare le opere d'arte di Beepsy. Ma chi ha acquistato queste opere, cos'ha davvero comprato? Nient'altro che la proprietà in senso stresso: non il godimento esclusivo del bene, che in realtà rimane digitale e accessibile a tutti, ma il diritto di vantarsi di avere la proprietà stessa dell'opera. Quindi il "Bragging Rights", il diritto di vantarsi.

Ed ecco come, grazie agli NFT, il concetto della proprietà intellettuale viene fuori in maniera completamente rivoluzionaria. In realtà esistono altri livelli che sono coinvolti nell'uso degli NFT: basti pensare al caso di Decentraland, dove i token NFT LAND permettono di avere l'uso esclusivo e i privilegi su una zona virtuale del gioco. In questo caso particolare, l'attributo primario della proprietà, quindi il potere unico di poter escludere qualcuno, viene pienamente conservato. Stesso discorso si può fare per i Fan Token, ossia quei sistemi nei quali in possesso di determinati Token NFT da privilegi speciali e accessi esclusivi al merchandising. In questo caso invece, l'NFT permette al proprietario un diritto totalmente esclusivo, che i non proprietari non hanno.

La cosa importante però ora non è concentrarsi su chi possiede cosa e come: dobbiamo valutare l'aspetto tecnologico di tutto il processo. Gli NFT permettono di tokenizzare le opere dell'ingegno umano in maniera celere, sicura ed economica, e permettono anche di poterle trasferire sempre in maniera celere, sicura ed economica. Che poi si scelga la rete di Ethereum o di Tron, o ancora tanti altri sistemi di nicchia, non ci interessa. Così come oggi non ci devono interessare i campi di applicazione futuri di questa tecnologia: sì, questa tecnologia ha creato concetti assai complessi per una mente poco elastica e aperta al nuovo, ma è anche vero che, in concreto, parliamo di operazione pubblicitarie in piena regola. Quindi non possiamo assolutamente restare indifferenti davanti a tanta tecnologia, innovazione e modernità.

CAPITOLO 4

I Token Non-Fungibili e la loro influenza nel mondo dell'arte

Sempre più spesso sentiamo parlare degli NFT o Non-Fungibile Token e da Beeple a Tyler Hobbs & Art Blocks, sono numerosi gli artisti che hanno proposto all'asta le loro opere digitali in pezzi unici registrando importi di vendita anche molto importanti. Una tendenza che ha scavalcato i confini dell'arte: è il caso di Jack Dorsey, il creatore di Twitter, che ha venduto il token del primo tweet pubblicato sul suo social, nel marzo del 2006, per ben 2,9 milioni di dollari, pari a 2,47 milioni di euro; o ancora del codice del World Wide Web, partorito dalla mente di Tim Berners-Lee e poi battuto all'asta per 4,6 milioni di euro a giugno del 2021.

Abbiamo imparato che l'NFT può essere il certificato di autenticità di:

- Un'opera;
- Un video;
- Un file di testo;
- Un file musicale.

Non è quindi l'opera in sé ma è un attestato crittografico, unico e non riproducibile, che viene contenuto all'interno di una Blockchain. "The first 5.000 Days" è un collage jpeg di 5mila immagini realizzate da Beeple in tredici anni, tra il 1° maggio 2007 e il 7 gennaio 2021. Il NFT del primo tweet di Jack Dorsey, fondatore di Twitter, è stato venduto per 2,915 milioni di dollari.

Gli NFT non sembrano avere, a oggi, un effetto distruttivo sulla cultura artistica e visiva, non hanno una particolare originalità. La caratteristica più originale degli NFT cripto artistici sembra essere la disintegrazione della catena d'intermediazione.

CAPITOLO 5

Le Migliori Piattaforme per i Token Non-Fungibili

Ti stai chiedendo quali sono le migliori piattaforme per gli NFT? Nessun problema: ho raccolto per te le migliori piattaforme, i migliori siti, il meglio del meglio per vendere e acquistare i famosi Token Non-Fungibili.

1. SuperRare

https://superrare.com/

Questa piattaforma è davvero unica: per essere presenti è necessario far domanda ed essere inseriti in una lista d'attesa, al fine di vedere la propria opera presente in catalogo e pronta per essere acquistata sotto forma di Token Non-Fungibile.

1. Non-fungibile

https://nonfungible.com/

Il meglio per chi vuole conoscere l'interno mondo degli NFT. Nato nel 2018, oggi è diventato un vero protagonista nel settore. Al suo interno sono presenti tanti appassionati che usano il sito per monitorare tutte le transazioni in tempo reale. Ecco Un esempio:

Name	Volume 7d (USD)	Last 7d sales	Volume all time (USD)	All time sales
CryptoPunks	41.405.431 USD	74	1.599.195.016 USD	19.184
Bored Ape Yacht Club	33.578.174 USD	796	1.142.745.467 USD	68.893
Art Blocks	33.441.364 USD	3.149	1.208.355.770 USD	240.043
The Sandbox	13.244.460 USD	2.200	83.788.547 USD	119.981
SuperRare	9.304.844 USD	176	185.404.893 USD	26.708
CyberKongz	6.064.912 USD	233	170.046.327 USD	27.945
Doodles Doodles	4.611.556 USD	684	64.479.430 USD	19.595
Cool Cats	4.027.899 USD	133	162.054.428 USD	32.566
Foundation	3.548.747 USD	1.082	104.674.429 USD	37.514
The Doge Pound	3.025.951 USD	328	81.265.275 USD	28.645
Decentraland	2.913.015 USD	258	87.895.211 USD	128.935
Meebits	2.567.283 USD	91	311.456.640 USD	22.780
VeeFriends	2.360.130 USD	45	140.927.281 USD	11.857
Ethereum Name Service 18.275	2.163.425 USD	23.185.45	8 USD	303.123
FLUF World	1.483.821 USD	405	54.164.771 USD	24.880

MekaVerse	1.422.646 USD	217	146.410.949 USD	16.353
Lazy Lions	1.300.332 USD	287	55.222.292 USD	23.772
CryptoVoxels	1.093.932 USD	133	23.000.027 USD	10.095
PUNKS Comic	866.385 USD	52	50.981.544 USD	15.421
DeadFellaz	850.604 USD	298	24.442.403 USD	23.786

1. Nba top shot

https://nbatopshot.com/

All'intenro di questa piattaforma, è possibile trovare davvero qualsiasi oggetto da collezione che abbia una licenza ufficiale della NBA, come anche video o immagini digitali dedicate ai momenti più importanti della storia del basket americano: nel 2021 si stima che abbia già fatturato 500 milioni di dollari.

1. NftBank

https://nftbank.ai/landing

Questa piattaforma permette di monitorare ogni tipologia di operazione di trading in gettoni non fungibili: basta inserire l'indirizzo Ethereum nella barra di ricerca per accedere ai Wallet.

1. Nftfi

https://nftfi.com/

È una piattaforma dedicata ai prestiti: al suo interno gli utenti possono guadagnare un rendimento extra prestando Ethereum o Dai ad altri utenti che, di contro, offrono i loro gettoni non fungibili.

1. CryptoPunks

https://www.larvalabs.com/cryptopunks

In questa piattaforma è possibile proporre immagini pixelate assolutamente uniche, diverse le une dalle altre, di punk. Sono stati di recente protagonisti di un'asta di Christie's.

1. OpenSea

https://opensea.io/

È la piattaforma considerata al vertice dell'esperienza NFT. Creata dall'ingegnere informatico Davin Finzer, OpenSea permette di vendere, comprare e creare da zero i gettoni non fungibili. Inoltre è possibile analizzare una serie di dati da altri portafogli, al fine di comprendere sempre più la materia in questione.

1. Nifty Gateway

https://niftygateway.com/

Nata nel 2021 come diramazione di Gemini, è una piattaforma artistica, dedicata alla compravendita di prodotti artistici attraverso NFT. A riprova di quanto questo sistema stia trovando sfogo nel mondo dell'arte.

1. Mintbase

https://www.mintbase.io/

È una piattaforma dedicata principalmente a NFT di nicchia, ossia quelli che solitamente non si trovano sulle altre piattaforme, al fine di promuovere la rarità destinata a pochi.

1. Cryptokitties

https://www.cryptokitties.co/

È una piattaforma al cui interno si possono trovare video ludici o artistici di gattini da allevare in stile Tamagotchi. È stato il primo vero progetto NFT a diventare un vero e proprio fenomeno virale: irresistibile.

CAPITOLO 6

Come Creare e Come Vendere un Token Non-Fungibile

Dopo tanta teoria è ora di passare alla pratica: vediamo come creare e poi vendere un Token Non-Fungibile. Magari all'inizio non riuscirai a guadagnare chissà quanto: non pensare di poter fare subito milioni, sia chiaro. Ma grazie a semplici step, sarai in grado di coniare un NFT di tutto rispetto e soprattutto totalmente tuo. Forse potrai anche perdere qualche euro ma, ponderando bene l'investimento, potrai dirti protagonista anche tu di questo fenomeno mondiale e vantarti su Twitter e Instagram di aver creato un Token Non-Fungibile.

Creare e vendere un Token Non-Fungibile

1. Scegliere l'opera da Tokenizzare

La prima cosa da fare è scegliere l'opera d'arte: i Token Non-Fungibili possono rappresentare qualsiasi file digitale. Puoi fare un NFT di un dipinto, un testo, una musica, un video: quindi qualsiasi cosa che possa essere riprodotta come un file multimediale. Il bello degli NFT consiste nel trasformare le opere d'arte digitali in pezzi unici nell'era della loro riproduzione infinita.

1. Comprare alcuni Ether

Una volta che hai scelto il file, devi comprare una quantità di Ether. È ovvio che si può creare un NFT su diverse tecnologie Blockchain ma, essendo la più semplice, qui ti parlo di Ethereum, ossia del mercato più importante che è a supporto degli NFT. Quindi poiché coniare un NFT potrebbe costare, avrai bisogno di un wallet Ethereum su cui depositare almeno alcuni Ether, ossia la criptovaluta basata su Ethereum. Il più semplice, che è anche quello che ti consiglio di usare, si chiama MetaMaskm, e puoi scaricarlo come app gratuitamente dal tuo smartphone, dal tuo pc o dal tuo tablet. Il prezzo per creare un NFT è volatile: è sempre bene avere almeno 100$ di Ether ma attenzione, il processo di conio potrebbe anche costare di più. Tutto dipende dal prezzo operativo giornaliero, quindi tieni d'occhio i costi.

1. Scegliere un marketplace

L'ultimo step riguarda la scelta del mercato su cui proporre il tuo NFT: devi scegliere quindi un marketplace dove creare l'NFT e farlo diventare pronto alla vendita. Nel capitolo precedente ti ho elencato 10 tra i migliori mercati e ora, sempre per facilitare il tuo (ma anche il mio) lavoro, prenderò ad esempio OpenSea.

Prima di tutto ti basti sapere che su OpenSea il processo è totalmente gratuito: è vero, devi comunque collegare un portafoglio per creare un account, ma il processo di conio, a causa del tipo di token che la piattaforma crea, è gratis.

Qui inoltre non hai moderazione sul contenuto che puoi mettere in vendita: questo significa che non devi essere approvato come artista per vendere sulla piattaforma ma anche che, al suo interno, potrai trovare tanta robaccia digitale che nessuno comprerebbe mai.

Una volta arrivato su OpenSea, dovrai cliccare prima sull'icona dell'utente e poi su "Il mio profilo". In questa pagina dovrai scegliere come collegare il tuo portafoglio: se usi MetaMask, collegalo direttamente alla piattaforma selezionando prima "Use a different Wallet" e poi cliccando su Wallet Connect. Quindi non dovrai far altro che seguire le indicazioni, assai semplici e intuitive della piattaforma, e infine confermare l'operazione di Wallet Connect "firmando" dalla tua app MetaMask.

1. Creare il proprio NFT

Una volta che avrai connesso il portafoglio alla piattaforma, potrai procedere alla creazione del tuo primo NFT. Ricordati che stiamo sempre facendo un esempio di creazione su OpenSea. Quindi dovrai cliccare su "Create" nel menu in alto, e poi su "crea una collezione": ti verrà richiesto di compilare una serie d'informazioni, compila e poi salva il tutto. Dopo questo step sarai pronto per iniziare il processo di conio del tuo Token Non-Fungibile. Clicca quindi su "New Item", carica il tuo lavoro e dai alla piattaforma tutti i dettagli che saranno necessari. Quando sarai pronto ti basterà cliccare su "Create".

Quindi congratulazioni: così facendo avrai creato con successo il tuo primo Token Non-Fungibile. Ora per venderlo (ricorda, sempre su OpenSea) dovrai aprire il Token appena creato all'interno della tua collezione e quindi cliccare sul pulsante di vendita. Nella pagina che ti si aprirà potrai:

1. Scegliere quali token Ethereum accetterai come pagamento;
2. Decidere se vorrai vendere a prezzo fisso o all'asta;
3. Scegliere quale percentuale di royalties ricevere dalla prima vendita e dalle successive.

1. I profitti

Ora che ahi creato il tuo primo Token Non-Fungibile devi solo aspettare. Cosa? Che qualcuno lo noti, ma non credere che sia semplice. Non hai finito il tuo compito con la creazione: devi farti pubblicità. Il segreto è imparare a fare marketing di te stesso e rendere appetibile l'oggetto ai compratori, possibilmente presso una comunità esistente di persone interessate al tuo lavoro. Questa è forse la parte più complessa, che non ha niente a che fare con il processo artistico. Ovviamente questo succede per tutti i comuni mortali: se invece sei un influencer, un artista, o un personaggio già noto non avrai sicuramente bisogno di farti altra pubblicità.

CONCLUSIONI

Il mondo delle criptovalute è affetto da un grande problema: non è comprensibile ai più. Non si tratta solo dei concetti sofisticati e oggettivamente complicati da comprendere per chi non è del mestiere, ma anche dei mille e più termini che vengono utilizzati per definire nuova realtà. Ecco perché il Financial Times ha stilato un glossario per spiegare l'universo crittografico anche a chi non è avvezzo alla Blockchain.

Il Glossario

A

Advanced Liquidity Provider: è l'operatore al quale la Borsa Italiana riconosce uno sconto totale dalle trading fee che derivano dall'assolvimento degli obblighi di sostegno alla liquidità.

Alt-Coin: ogni criptovaluta diversa da quella madre, ossia dal Bitcoin. Queste cripto valute sono monete affermate e popolari, ma anche quelle meno ufficiali come le più discusse Dogecoin.

Amc Annual Management Charge: sono le commissioni di gestione annue.

Aum Asset Under Management: è il patrimonio gestito.

Automated Market Maker: è una tipologia di protocollo Exchange decentralizzato. Si basa su una formulazione matematica per usare contatti in modo da scambiare, 24 ore al giorno e 7 giorni su 7.

B

Basic Point-BPS: con questo termine si indicano i punti base, ossia l'unità di misura che corrisponde a un centesimo di punto percentuale. Con i Basic Point si possono anche indicare i costi di uno strumento e le variazioni dei tassi d'interesse.

Benchmark: è l'indice di mercato replicato dall'ETF/ETP. Con il termine Benchmark ci si riferisce, tra l'altro, a un parametro oggettivo, usato per verificare tutti i risultati che si possono avere dalla gestione attiva.

Beta: è il rischio sistematico, e non eliminabile, che si ottiene dalla diversificazione del rendimento di una qualsiasi attività finanziaria in base ai movimenti del mercato.

Bid / Ask: ossia il Denaro e la Lettera. Sono quindi tutte quelle proposte di prezzo che gli intermediari sono disposti ad acquistare e a vendere.

Binance coin: è la criptovaluta dell'Exchange Binance.

Binance: è il più grande Exchange di criptovalute non regolamentato, nato nel 2016.

Bitcoin (inteso come la valuta): è la moneta virtuale che supporta i pagamenti e le transazioni peer-to-peer.

Bitcoin: è un network di nodi, di computer, che si occupano di gestire la moneta virtuale in modalità distribuita peer-to-peer senza gerarchie: i pc connessi sono sia client che server.

Block: un pacchetto di dati registrati in maniera digitale.

Blockchain: è la tecnologia alla base del Bitcoin, delle criptovalute e anche dei Token Non-Fungibili. È quindi un registro, trasparente e permanente, che ha il compito di tenere traccia di ogni transazione.

C

Coin burning: ovvero la combustione di una criptovaluta.

Cold storage: un tipo di stoccaggio di criptovalute che si occupa di archiviare tutto offline così da evitare il rischio di furto e di pirateria.

Collaterale: è il paniere di titoli posto a copertura del rischio di controparte cui può essere esposto un ETF sia nel caso del prestito titoli sia nell'utilizzo di Swap.

Commodity Futures Trading Commission, CFTC: ossia il principale regolatore americano per quanto riguarda i derivati. Quest'agenzia determina tutte le pratiche legali riguardanti le valute virtuali e le merci da queste acquistate.

Compounding Effect: è l'effetto dell'interesse composto. È il meccanismo per cui le performance di un ETF short o con leva long/short, possono verosimilmente non corrispondere perfettamente a quelle dei titoli sottostanti, una volta applicata loro la medesima leva.

Consensus algorithm: è il processo usato per stabilire l'accordo sul valore di un singolo dato attraverso una rete decentralizzata di computer.

Creation/Redemption, Creazione/liquidazione: con il termine Creation ci riferiamo a un processo, riguardante le quote che vengono emesse dall'ETF.

Criptovaluta: è la moneta virtuale e decentralizzata che si genera attraverso un processo di risoluzione di parti crittografate.

Crypto Exchange: Exchange per comprare e vendere criptovalute. Spesso offrono anche prestiti e custodia dei beni, e altri servizi che uno Exchange tradizionale non può offrire. Binance, Coinbase, Huobi, Bybit, Kraken, Gemini, Bitfinex e Bitstamp sono alcuni degli Exchange più famosi.

D

DAO (organizzazione autonoma decentralizzata): organizzazione le cui regole sono automatizzate o sviluppate per consenso tra i membri.

DApp: applicazione simile alle app tradizionali, con la differenza che al posto di appoggiarsi su server centralizzati sfruttano le piattaforme Blockchain e il loro network distribuito.

Decentralised Exchange: è un protocollo di trading decentralizzato, ossia una rete che dà agli utenti la possibilità di comprare e vendere asset digitali direttamente tra di loro, senza intermediari.

DeFi: è la Finanza Decentralizzata e racchiude al suo interno tutti i progetti di criptovalute che mirano a fare a meno di un intermediario, come una banca, per dare servizi finanziari ai suoi utenti che possono accedervi anche attraverso l'app.

Diem: la moneta digitale non ancora lanciata da Facebook e precedentemente conosciuta come Libra. È stata accreditata per aver scosso le banche centrali e le autorità di regolamentazione a rendersi conto che le iniziative private di criptovaluta stavano diventando troppo grandi per essere ignorate e per iniziare i propri progetti di CBDC.

Digital Currency Group: è la società di Venture Capital che finanzia vari progetti di piattaforme di scambio.

Dogecoin: Altcoin che è volutamente iniziata come uno scherzo, per evidenziare la natura speculativa delle criptovalute nel 2013. Utilizza un cane giapponese Shiba Inu come mascotte ed è aumentato in popolarità nell'ultimo anno.

Double short ETF: sono strutturati per fornire una performance doppiamente inversa a quella del mercato di riferimento.

Duration: è la durata finanziaria, quantificata in anni, di un titolo obbligazionario che misura la sensibilità del prezzo di un'obbligazione alle oscillazioni dei tassi d'interesse. Con valori più alti di Duration, avremo una maggiore esposizione del prezzo dei titoli con variazione del tasso d'interesse.

E

Ems Exchange Market Size: rappresenta il numero minimo di quote dell'ETF esposte dall'operatore specialista, in acquisto e vendita, in via continuativa durante l'intera seduta di Borsa, concordate con quest'ultima. Il parametro Ems Exchange Market Size, è stato poi sostituito dall'ingresso del "Controvalore degli ordini", a partire dal 27 novembre del 2017.

Etc Exchange Traded Commodity: sono gli strumenti finanziari derivati cartolarizzati, i cui sottostanti sono materie prime singole o aggregate anche fisiche, con e senza effetto leva, garantiti da un collaterale.

Etf Oicr Aperto: è indicizzato a un indice di Borsa o a gestione attiva, negoziato in tempo reale sul mercato dedicato di Borsa Italiana "ETFplus".

ETFplus: è il Mercato di Borsa Italiana dedicato alla negoziazione degli ETF e degli ETC.

Ether: è la valuta nativa usata dalla piattaforma Ethereum. Oltre a essere una moneta digitale è anche usata per compensare i Miners, tutti quelli che creano coloro che le criptovalute.

Ethereum 2.0: è l'aggiornamento tecnologico della comunità Ethereum ancora oggi in fase d'implementazione.

Ethereum: è una rete globale e decentralizzata di computer.

ETN Exchange Traded Note: sono gli strumenti finanziari derivati cartolarizzati, i cui sottostanti sono strumenti diversi dalle materie prime come azioni, bond e valute con e senza effetto leva, quindi garantiti da un collaterale. Sono negoziati sull'ETFplus, come gli ETF.

ETP Exchange Traded Product: il termine che comprende sia le ETC sia le ETN.

Eur Hedged: è un ETF coperto dal rischio di cambio, grazie alla stipula di un contratto a termine su valuta. Il Forward Exchange contract, che può essere a un giorno "Daily hedged" o a un mese "monthly hedged", ha per oggetto l'acquisto oppure la vendita di una specifica valuta, con un tasso di cambio prefissato.

F

Factor Fattori: è una tipologia di ETF che seleziona i suoi componenti in base a criteri qualitativi e quantitativi.

Fiat currency, la moneta Fiat: è una forma di moneta stabilita dalla regolamentazione del governo che non ha valore intrinseco.

Flippening: è un termine che viene usato per riferirsi alla possibilità di capitalizzazione di mercato su Ethereum.

Floating Rate Note: sono le obbligazioni a tasso variabile.

FOMO: acronimo di Fear Of Missing Out, la paura di rimanere escluso, ossia la reazione che gli utenti hanno quando non riescono a raggiungere il loro obiettivo poiché i titoli o le azioni sono al di sopra delle loro capacità d'acquisto.

Fork: è una biforcazione che può verificarsi nella rete del Blockchain. Ciò significa che vengono create due versioni diverse della stessa Blockchain, basate su principi diversi e con basi di utenti diverse.

Forward: con questo termine ci si riferisce all'accordo stipulato tra due controparti per acquistare oppure per vendere, in un momento successivo, una determinata quantità di merce. La condizione perché questa compravendita avvenga è che le condizioni siano state concordate in passato.

FTX: è un Exchange, fondato nel 2019, molto popolare in Giappone.

FUD: ossia la paura, il dubbio e l'incertezza che gli utenti hanno nei confronti dei Token. Le persone che sostengono il Fud sono chiamate Fudsters.

G

Gas Fees: è il prezzo che viene pagato dagli utenti per andare incontro al compenso della quantità di energia di calcolo che è necessaria per completare una transazione, in modo particolare ciò avviene e viene sfruttato sulla rete Ethereum.

Governance Token: il Token che permette ai suoi possessori di avere potere di voto sul protocollo Blockchain.

H

Hedge Fund: è una tipologia di fondi che generano rendimenti non correlati con l'andamento del mercato, attraverso l'utilizzo di una vasta gamma di strategie d'investimento.

Hedging Copertura: con questo termine ci si riferisce a quell'operazione per ridurre i rischi di fluttuazione di una variabile economica e finanziaria. Tra i massimi esempi possiamo ricordare il rapporto di cambio, il tasso d'interesse e i prezzo di titoli.

HODL: acronimo di Hold On For Dear Life, "tenere per salvare la pelle". Nato come errore oggi è l'acronimo usato da tutti gli investitori che voglio tenere le Criptovalute a lungo termine, nonostante la loro volatilità.

Hot storage: è un metodo di stoccaggio delle Criptovalute che usa password, sia pubbliche che private, e dei portafogli chiamati Wallet per conservare le valute virtuali. Neo di questi portafogli è la loro presenza sempre connessa a Internet, che le rende soggette alla pirateria informatica.

Hot Wallet: è un portafoglio virtuale che permette ai suoi investitori di conservare e scambiare i Token. Accesso facile e possibilità di fare trading sono i suoi vantaggi migliori.

I

Ico: è un Initial Coin Offering, ossia lo strumento per raccogliere i fondi e che permette ai suoi utenti di entrare in possesso della criptovaluta.

INav: Indicative Net Asset Value: è il prezzo, teorico e indicativo, del valore delle attività. Viene calcolato in tempo reale e aggiornato, sempre in tempo reale, dalla società emittente o da un suo incaricato ogni 15/30 secondi.

Investment Grade-IG: termine utilizzato con riferimento ai titoli con merito di credito compreso tra AAA e BBB- (secondo le principali agenzie di rating S&P e Fitch) o Baa3.

L

Ladger: è un registro pubblico che contiene le transazioni che si replicano su una rete di computer. È simile a una Blockchain, ma non ha bisogno di avere i suoi dati strutturati in blocchi.

Laser Eyes: è lo strumento che permette agli utenti di cambiare e modificare le loro immagini profilo nello scambio di Bitcoin.

Layer 2: è una rete gestita da terzi e costruita su una Blockchain.

Leverage ETF: le cui esposizioni al mercato di riferimento sono amplificate tramite una leva finanziaria, con l'uso di strumenti derivati o contante preso in prestito, per aumentare la potenziale redditività dello strumento.

M

Market Capitalization: è la misura usata per determinare il valore di un segmento del mercato. Nelle Criptovalute si ottiene moltiplicando il prezzo di una Criptovaluta per il numero di monete in circolazione.

Maximum Supply: è il numero massimo delle monete che possono essere distribuite. Ad esempio per i Bitcoin parliamo di 21 milioni.

Memecoin: criptovaluta che è associata a un meme online.

Mercato primario: si riferisce il mercato sul quale sono collocati i titoli di nuova emissione.

Mercato secondario: si riferisce al mercato, che sia la Borsa o il MTF, nel quale avviene lo scambio dei titoli che sono già in circolazione.

Metaverso: Una visione dell'internet del futuro.

Miners: letteralmente "i minatori", sono così chiamati tutti gli informatici che processano con il computer gli algoritmi per elaborare e validare le transazioni nella Blockchain.

Mining: è il processo utile a verificare le transazioni con il quale si aggiungono blocchi alla Blockchain per creare nuove monete.

Mooning: ovvero andare sulla luna. Avviene quando il prezzo e il volume dello scambio sono quotati alle stelle.

Mtf, "Multilateral Trading Facilities", "Sistemi Multilaterali di Negoziazione": questi sistemi sono dei circuiti di negoziazione alternativi ai mercati, e sono regolamentati in maniera multilaterale da banche, gestori di mercati e imprese d'investimento.

Multifactor: con il termine Multifattoriali si identificano le valutazioni a più fattori nella capitalizzazione della Borsa.

N

Nav, "Net Asset Value": il Nav indica il valore di una quota che viene dato dai titoli, in un fondo ETF, detenuti in un portafoglio al netto dei costi riguardanti le commissioni di gestione e le altre spese. Viene calcolato dopo a chiusura del mercato di riferimento. Può anche essere usato per il patrimonio netto del fondo ETF.

Nft: ossia i Token Non-Fungibili. Scambiati con altri Token, sono unici e non replicabili.

Nocoiner: termine con cui si identificano gli utenti che non hanno criptovalute e che non credono nel potere di queste.

Nodo: è un punto in cui un messaggio viene creato, ricevuto e quindi trasmesso.

O

Oicr, "Organismo d'investimento collettivo del risparmio": sono fondi comuni d'investimento.

Oicvm, "Organismo d'investimento collettivo in valori mobiliari": è quell'organismo il cui oggetto esclusivo è l'investimento collettivo in valori mobiliari dei capitali raccolti presso il pubblico e le cui quote vengono riacquistate oppure rimborsate a carico del patrimonio dell'organismo. Per fare in modo che questo avvenga, è necessario che si sia espressa richiesta dei portatori.

Open-source: sono le istruzione usate per scrivere dei programmi per i computer. Questo codice dà la possibilità di scoprire cosa è già stato fatto, quale lavoro può essere modificato e migliorato senza dover chiedere il permesso allo sviluppatore originale rendendosi, di fatto, una collaborazione aperta.

Organizzazione Autonoma Decentralizzata, DAO: è quell'organizzazione che si occupa di tutte le regole per sviluppare il consenso tra gli utenti.

OtC, "Over the Counter": sono mercati di valori mobiliari, in cui le negoziazioni avvengono fuori dall'organizzazione di una Borsa ufficialmente riconosciuta.

P

Peer Group: ossia il gruppo di fondi che accomunano strategie d'investimento diverse ma assimilabili tra di loro. Indica anche tutte quelle società che appartengono a una stessa industria.

Preferred Shares, "Azioni Privilegiate": nonostante siano dei titoli azionari, le Azioni Privilegiate, per la loro struttura, sono molto simili a delle obbligazioni ad alto rendimento, per questo sono spesso classificate come strumenti ibridi.

Pre-sale: processo che permette di rendere disponibili vari Token al pubblico.

Private Equity: è quell'attività d'investimento, di piccole e medie imprese che non sono quotate in Borsa, che sono caratterizzate da un alto potenziale di crescita. In questo modo sono in grado di sostenere i periodi critici nella loro vita.

Private Key: sono così chiamate una seria di caratteri casuali, come se fossero una password, che hanno il compito di far accedere al Bitcoin o alle altre Criptovalute da un Wallet. La Private Key può essere usata anche per verificare la proprietà grazie alla sua firma crittografica.

Proof of stake: letteralmente "la prova che si ha un interesse in gioco". È un protocollo che viene usato per mettere in sicurezza una rete di Criptovalute: a ogni utente viene chiesto di dimostrare il possesso di una certa somma come dato di riconoscimento.

Proof of work: è un sistema che viene usato per testare funzioni o algoritmi al fine di confermare le transazioni. Il Proof of Work genera una serie casuale di numeri e lettere fino a quando il programma non trova quella che corrisponde all'originale. È uno dei protocolli attualmente più sicuri.

Pump and Dump: è uno schema tramite il quale un numero ristretto di persone, tra le quali solitamente fanno parte anche gli sviluppatori di un progetto.

Pyth: è un progetto di finanza decentralizzata. Serve per i Game Chaner, ossia per fare trading di azioni e di altri beni sempre facendo riferimento alla tecnologia della Blockchain.

R

Rating: con questo termine, si definisce la valutazione del merito di credito di un soggetto che emette gli strumenti finanziari di debito.

Real Estate: è l'investimento immobiliare.

Reit Real Estate Investment Trust: sono le società che possiedono e gestiscono immobili che producono redditi.

Rekt: nel mondo crittografico con questo termine ci si riferisce a colui che ha subito una perdita a causa di un cattivo investimento in criptovalute.

Replica fisica o diretta, "Cash Based": con questa espressione ci si riferisce alla replica del Benchmark, in particolare all'acquisto di tutti i suoi componenti con gli stessi gradi di ponderazione.

Replica sintetica o indiretta, "Swap Based": è finalizzata tramite un'operazione di swap, e può essere di due tipologie: Unfunded e Fully Funded.

RFQ, "Request for Quote": letteralmente la "Richiesta di Quotazione" è quell'iniziativa con la quale la Borsa Italiana si prepara alle sfide della MIFID II. La Richiesta di Quotazione per il mercato ETF, dà l'opportunità di unire efficienza e flessibilità tipiche della negoziazione che avviene fuori mercato, assicurando la trasparenza e la garanzia che invece il mercato regolamentato fornisce.

Ripple (XRP): è una delle criptovalute più conosciute. Lo scopo della piattaforma è di permettere pagamenti in tempo reale su scala mondiale.

Rugpull: metodo comune per frodare gli investitori.

S

Security Token: è uno strumento simile ai titoli azionari ma con la differenza che la loro proprietà è registrata su una Blockchain.

Segregated Witness, SegWit: è quel processo con il quale si aumenta il limite alla Blocksize di una Blockchain, andando a eliminare tutte quelle informazioni che riguardano le firme digitali per ottenere più capacità.

Sharding: è una divisione della rete per ridurre lo sforzo di ogni noto, eliminando quindi la necessità di ricorrere a una convalida per ogni transazione.

Short: è la tipologia di ETF inversamente correlato al mercato di riferimento.

Sicav, "Società d'investimento a capitale variabile": è quella società per azioni a capitale variabile, con sede legale e direzione generale in Italia, che ha per oggetto l'investimento collettivo del patrimonio che viene raccolto grazie all'offerta al pubblico delle proprie azioni.

Smart Beta: è una tipologia di ETF correlati a indici alternativi alla capitalizzazione di mercato.

Smart contract: con questa espressione vengono chiamati tutti i protocolli che includono alcune clausole contrattuali. Gli Smart Contract si eseguono in automatico solo quando i termini dell'accordo sono tutti soddisfatti, andando così a eliminare il bisogno di chiedere l'aiuto di un intermediario.

Specialist: con questo termine ci si riferisce all'operatore specializzato.

Spread Bid/Ask: con questi termini ci si riferisce alla differenza percentuale tra le proposte dei prezzi d'acquisto e di vendita di un titolo ETF presente sul Book di negoziazione.

StableCoins: ossia le criptovalute più grandi e stabili presenta il mondo ma che sono ancora oggi una piccola parte.

Staking: è un protocollo usato per aumentare i guadagni degli utenti che possiedono asset crittografici.

Substitute Basket: è il paniere sostitutivo detenuto da un ETF, composto da titoli quotati e tendenzialmente molto liquidi, che possono anche non corrispondere a quelli che costituiscono il benchmark.

Super bonus 110%: risultati e prospettive della misura agevolativa.

Swap: letteralmente è un contratto di scambio a termine. Avviene tra due controparti: una paga all'altra un rendimento per un flusso d'interesse variabile.

T

Ter Total Expense Ratio: con questa espressione ci si riferisce al valore, che viene espresso in percentuale oppure in punti base, usato per esprimere il costo annuo complessivo di tutti quelli oneri e di tutte le commissioni che sono state addebitate, di base continua, a un ETF. Il Ter Total Expense Ratio viene calcolato in relazione al patrimonio netto e addebitato quotidianamente.

Token: i token sono oggetti virtuali che vengono scambiati tramite Blockchain. Ogni criptovaluta ha un suo Token che permette di funzionare nella propria Blockchain.

Total Supply: ossia il numero totale di Token della criptovaluta che esistono in un dato momento. Al suo interno possono esser presenti sia quelli distribuiti sul mercato, sia quelli ancora in riserva ossia solo sviluppati dall'ideatore.

Tracking Difference: è la differenza tra il rendimento dell'ETF e quello del suo benchmark.

Tracking Error Volatility: con questa espressione ci si riferisce a quella deviazione standard analizzata che si ha tra la differenza nei rendimenti mensile di un ETF e del relativo indice di riferimento.

Trustless system: un sistema che ha il compito di fare una verifica digitale sugli algoritmi. Con questo sistema si evita di conoscere la persona con cui si fa la transazione, garantendo l'anonimato, e si evita di avere una terza parte come garante, come un avvocato o una banca.

Turnover: questo termine identifica l'ammontare degli scambi. Se si riferisce al portafoglio dell'ETF, indica la precisa percentuale dei titoli in occasione del bilanciamento o della rivisitazione.

U

Ucits Undertakings for Collective Investment in Transferable Securities: con questa espressione ci si riferisce a una Direttiva estremamente importante. La Direttiva 2009/65/CE del Parlamento Europeo, pubblicata il 13 gennaio 2009. Questa Direttiva viene chiamata anche Ucits III ed è stata pubblicata il 21 gennaio 2002 (2001/107/CE, c.d. Direttiva "Gestore" e 2001/108/CE, c.d. Direttiva "Prodotto"). La Direttiva ha il compito d'individuare tutti gli organismi d'investimento collettivo del Risparmio, gli Oicr, i fondi comuni e i Sicav, che si occupano degli investimenti in valori mobiliari in conformità al testo normativo. Con la Direttiva, si è potuti arrivare alla commercializzazione delle quote e delle azioni in Paesi che non facevano parte dell'Unione Europea come la Svizzera, l'Asia, il Sud America e il Sud Africa.

Unit Linked: indica i contratti assicurativi rispetto ai quali l'ammontare delle prestazioni è strettamente legato all'andamento di un fondo interno o di uno o più Oicr. In questi contratti non sono previste garanzie finanziare da parte delle imprese che assicurano.

V

V

Valore ufficiale: l'espressione che definisce il Nav relativo agli ETF.

Volatilità: conosciuta anche con il nome di "deviazione standard autorizzata", la volatilità è la misura delle oscillazioni del rendimento di un titolo in base a un certo periodo temporale.

W

Wallet: letteralmente "portafoglio". È un sistema di archiviazione che può essere virtuale o supportato da una chiavetta USB. Il Wallet permette a chiunque di memorizzare password e private Key delle Criptovalute, permettendo comunque d'inviare e/o ricevere monete.

Whale: proprio come le loro controparti marine, le balene delle criptovalute sono creature solitarie la cui attività ha un effetto sull'intero ecosistema. Una regola empirica è che una balena per essere definita tale possiede più del 5% di una data moneta.

Whitepaper: è un documento informativo che si riferisce a una criptovaluta. Solitamente tale documento viene redatto prima della creazione vera e propria del software e contiene essenzialmente un manifesto che indica gli obiettivi, la tecnologia e i problemi.

Y

Yield farming: la pratica di cercare nel mondo DeFi i migliori progetti e monete in termini di rendimenti potenziali.

Ytd Year To Date: è il rendimento che viene prodotto dall'inizio dell'anno.

FAQ

Le Domande e le Risposte sui Token Non-Fungibili

1. Che cosa d'intende con l'acronimo NFT?

NFT è l'acronimo di Token Non-Fungibile, ossia degli oggetti digitali che si basano sulla tecnologia di una Blockchain. Il loro valore è unico e può essere posseduto e scambiato in maniera aperta. Sono quindi oggetti da collezione assai unici e assolutamente rari: ma attenzione, non tutti i Token Non-Fungibili sono opere d'arte in senso stretto.

1. Che cosa possono offrire i Token Non-Fungibili?

Gli NFT offrono l'autenticazione, la transazione, la verifica e l'autenticità di un asset digitale che è presente all'interno di un ecosistema digitale.

1. Dov'è possibile memorizzare gli NFT?

I Token Non-Fungibili possono essere memorizzati su qualsiasi piattaforma a scelta, come ad esempio su quella OpenSea e sulle altre che ti ho elencato in questa guida.

1. Cosa si può acquistare e cosa serve per acquistare un Token Non-Fungibile?

Per acquistare un Token Non-Fungibile è necessario essere in possesso di un portafoglio di criptovalute a scelta, quindi di un CriptoWallet; avere quindi una valuta digitale, come ad esempio Ethereum poiché non è possibile usare valute che non siano cripto, quindi no a dollari o euro; e infine è necessario avere un conto aperto su una piattaforma a scelta.

1. Che cos'è un CriptoWallet?

Il CriptoWallet è un app o un dispositivo hardware che dà la possibilità agli utenti di conservare e trasferire al suo interno i beni digitali, come le criptovalute o i Token Non-Fungibili. Il portafoglio è necessario per trasformare le azioni in transazioni sulla Blockchain. I formati di portafoglio tra cui scegliere sono veramente tanti, a seconda del bisogno e delle necessità dell'utente: hanno tutti la stessa funzione però ognuno ha un approccio d'uso diverso. Gli utenti mostrano statisticamente una preferenza per MetaMask per quanto riguarda l'uso del portafoglio su computer; invece usano il Coinbase Wallet per eseguire operazioni su tablet e smartphone.

1. Come si può ottenere un CriptoWallet?

Ottenere un portafoglio virtuale è davvero facile e tutte le piattaforme di creazione sono semplici e assai intuitive. MetaMask usa Ethereum ed elabora tutte le transazioni sulla Blockchain. Le transazioni sono collegate all'indirizzo del portafoglio e si possono reperire al suo interno.

1. Che cosa sono le Gas Fee?

Le Gas Fee sono tutte quelle tariffe di transazione, chiamate Transaction Fee, che si verificano sulla Blockchain e vengono calcolate in base al lavoro dei Miner. Trasferire criptovalute o acquistare un Token Non-Fungibile sono operazioni all'ordine del giorno e le tariffe sono necessarie.

1. Chi paga le Gas Fee?

Le tariffe devono essere pagate la prima volta dai venditori, che dovranno eseguire il pagamento per configurare il proprio account. La tariffa è fatta di due parti: un primo pagamento è una tassa fissa, il secondo è una tassa temporanea. Gli utenti pagano questa Gas Fee quando acquistano gli oggetti a prezzo fisso mentre i venditori pagano la Gas Fee quando accettano le offerte.

1. Come si possono acquistare le opere d'arte attraverso i Token Non-Fungibili?

Quando vengono create le opere su una piattaforma scelta, e poi possibile procedere immediatamente al loro acquisto. Il prezzo può essere fisso o si può accedere attraverso un'asta impostando l'offerta minima, il prezzo di riserva e calcolando la durata dell'asta stessa. Tutte le opere che vengono vendute all'asta, ricevono offerte in qualsiasi momento: ad asta conclusa, se le offerte superano 1 Ethereum, vince chi ha offerto di più; se le offerte sono invece inferiori a 1 Ethereum, il venditore ha possibilità di scelta: può quindi decidere di vendere l'opera o rifiutare, chiudere l'asta e aprirne una nuova sperando in offerte migliori.

1. Quali sono i migliori progetti di Token Non-Fungibili?

Sicuramente oggi i migliori progetti da tenere sotto controllo sono i seguenti:

1. Axie Infinity: ha quotato ben 100,5 milioni di dollari, con una crescita del 7,8% rispetto al 2020;
2. Art Blocks: ha quotato ben 97,6 milioni, con una crescita del +205% rispetto al 2020;
3. CryptoPunks: ha quotato ben 70,2 milioni, con una crescita del +72% rispetto al 2020;
4. CrypToadz: ha quotato ben 27 milioni, con una crescita del +541% rispetto al 2020;
5. Bored Ape Yacht Club: ha quotato ben 22,1 milioni, con una crescita del +49% rispetto al 2020;
6. Creature World: ha quotato ben 15,1 milioni, con una crescita del +297% rispetto al 2020;
7. CyberKongz: ha quotato ben 14,5 milioni, con una crescita del +190% rispetto al 2020;
8. Cool Cats: ha quotato ben 12,7 milioni, con una crescita del 19,8% rispetto al 2020;
9. Mutant Ape Yacht Club: ha quotato ben 9,1 milioni, con una crescita del 23% rispetto al 2020;
10. Robotos: ha quotato ben 8 milioni, con una crescita del 144% rispetto al 2020.

Don't miss out!

Visit the website below and you can sign up to receive emails whenever Mark J. Davies publishes a new book. There's no charge and no obligation.

https://books2read.com/r/B-A-QIYU-YOVAC

BOOKS 2 READ

Connecting independent readers to independent writers.

Also by Mark J. Davies

Metaverse: Guida per Principianti al Metaverso e agli NFT per il Nuovo Mondo Virtuale

www.ingramcontent.com/pod-product-compliance
Lightning Source LLC
LaVergne TN
LVHW051119051026
849532LV00004BB/1595